Guía para el docente y solucionarios

Vigilancia, seguridad privada y protección de explosivos

ic editorial

Editado por: IC Editorial
c/ Cueva de Viera, 2, Local 3
Centro Negocios CADI
29200 Antequera (Málaga)
Teléfono: 952 70 60 04
Fax: 952 84 55 03
Correo electrónico: iceditorial@iceditorial.com
Internet: www.iceditorial.com

Guía para el docente y solucionarios:
Vigilancia, seguridad privada y protección de explosivos

1ª Edición

© IC Editorial 2025

ISBN: 978-84-1184-614-1
Depósito Legal: MA 231-2025

Impresión: PODiPrint
Impreso en Andalucía - España

Índice

Bloque 1
Guía para el docente: técnicas de enseñanza y aprendizaje

Bloque 2
Solucionarios de ejercicios de repaso y autoevaluación

Bloque 1
Guía para el docente: técnicas de enseñanza y aprendizaje

Contenido

1. Introducción

El presente capítulo está destinado a ofrecer al cuerpo docente responsable de la enseñanza del programa de cualificaciones profesionales y certificados de profesionalidad, una guía metodológica para obtener el máximo rendimiento de los contenidos formativos que han sido desarrollados para el presente título.

La mejora de las habilidades comunicativas y la aplicación de una metodología contrastada de enseñanza, aprendizaje y evaluación permitirá transmitir el conocimiento y adquirir el programa formativo de la forma más efectiva y práctica posible.

Estudiaremos cuáles son los principales elementos que forman parte de la comunicación profesor-alumno, a través de una cuidada selección de sistemas de planificación de estrategias didácticas, así como la utilización de medios y recursos didácticos.

La integración de todas las actividades planificadas alrededor de un plan de formación adaptado e individualizado, aumentará además la satisfacción del alumnado por la utilización de un sistema no lineal e interactivo que se retroalimenta gracias a la relación establecida entre la propia metodología y los actores que forman parte de la enseñanza.

2. El programa de formación

Una de las claves del éxito de la mayoría de las actividades que se realizan en general, y concretamente en la formación, es la **programación.** Es necesaria la programación de las acciones formativas, para que así se pueda alcanzar el objetivo final, es decir, que el alumno obtenga una buena capacitación y adquiera nuevos conocimientos en su repertorio y que, después, sea capaz de emplearlos en su trabajo.

2.1. Definición de programación

Cuando se habla de **programación,** se pueden encontrar multitud de defini-
ciones. Para sintetizar, se podría definir como la actividad de enunciar lo que
se quiere hacer (objetivos, contenidos, métodos, temporalización, medios y
recursos didácticos y evaluación).

 Definición

___

Programación
Es un plan donde se establecen las acciones que se van a realizar en un proceso de
enseñanza-aprendizaje, por medio de un formador o un equipo.

___

A continuación, se va a describir una serie de características que tiene que
tener una programación didáctica:

- Dinámica. Una programación no es estática ni está acabada, siempre
  está en constante revisión, de ahí su dinamismo. Además va cambiando
  o evolucionando según los resultados de la evaluación continua que se
  va realizando durante la ejecución de la acción.
- Flexible. Esta característica permite que se puedan hacer cambios, am-
  pliaciones, reducciones y actualizaciones de los contenidos y actividades programadas, según las necesidades que se observen.
- Creativa. La programación como es un diseño propio y exclusivo, exige
  creatividad y originalidad. El docente es el que decide sobre el quehacer
  en el aula teniendo en cuenta las características del grupo, las necesidades que se pretenden satisfacer y las propias posibilidades.
- Prospectiva. La programación consiste en hacer un pronóstico de la interacción que se va a producir en el aula.

- Sistemática. La programación es un proceso sistematizador que da coherencia a la acción formativa, ya que tiene en cuenta todos los elementos (objetivos, contenidos, métodos, temporalización, medios y recursos pedagógicos y evaluación) que intervienen en el acto educativo y analiza sus relaciones.
- Integradora. Permite integrar elementos de cualificación técnico-profesionales con elementos de cualificación personal de alumnado.
- Funcional. Toda programación debe basarse en el perfil profesional de la ocupación y estructurar los contenidos formativos que proporcionan las competencias de ésta.

2.2. Elementos de la programación

Antes de empezar cualquier programación formativa, es necesario tener en cuenta los datos obtenidos del análisis de la ocupación y del grupo al que se dirige la acción formativa. A partir de esta información, se determinan los elementos que van a conformar la programación.

Cuando se realiza la programación de un curso, hay que plantearse previamente las siguientes preguntas:

1. ¿Qué quiero conseguir con la formación?	**OBJETIVOS**
2. ¿Qué conocimientos deben asimilar los alumnos para alcanzar los objetivos propuestos?	**CONTENIDOS DEL CURSO**
3. ¿Cómo trabajamos en el aula? ¿Qué actividades son las que realizamos?	**MÉTODOS DE ENSEÑANZA**
4. ¿Cuánto tiempo tengo y cuánto dedico a cada módulo?	**TEMPORALIZACIÓN**
5. ¿Qué medios y recursos didácticos se necesitan para poder llevar a cabo esas actividades?	**MEDIOS Y RECURSOS DIDÁCTICOS**
6. ¿Cómo sabemos que se ha producido el aprendizaje?	**EVALUACIÓN**

3. Factores determinantes de la efectividad de la comunicación en el proceso de enseñanza-aprendizaje

En toda comunicación que se produzca en el proceso de enseñanza-aprendizaje, existen factores determinantes que obstaculizan o refuerzan este proceso.

3.1. Obstáculos de la comunicación

Relacionados con el emisor

- No expresar de forma clara qué mensaje se quiere transmitir.
- Comentar algo a lo largo de la explicación que no sea lo correcto y pueda resultar desagradable.
- Cambiar el tema de conversación.
- Desviarse del tema que se está tratando.
- No mirar al receptor cuando se quiere expresar algo.
- No estar atento a las señales que emite el receptor.
- Expresar alguna idea a través de los gestos que no se corresponda con la idea a comunicar.

Relacionados con el receptor

- No comprender las ideas que quiere expresar el emisor.
- No pedir explicación al emisor de aquella información que no le haya quedado clara.
- Interrumpir al emisor cuando está hablando.
- Captar algo diferente a lo que el emisor desea transmitir.

Relacionados con el mensaje

- Mensaje confuso.
- Mensaje muy corto.
- Mensaje muy extenso.
- Abuso de muletillas.
- Utilización de frases sin terminar.
- Dar "rodeos" para decir la idea principal.

Relacionados con el contexto

- No ser el momento adecuado para transmitir algo.
- No saber escoger el lugar oportuno.
- La presencia de ruidos y de interferencias.
- No pensar en las personas que están cerca.

Relacionados con el código

- No utilizar el mismo código que la persona con la que se habla o a la que se escucha.
- No adaptar el vocabulario a la situación o a la persona con la que se conversa.
- Utilizar el doble sentido.

3.2. Sugerencias para el mejor funcionamiento de la comunicación

Emisor

- Acostumbrarse a planificar la comunicación.
- Concretar visiblemente los objetivos.
- Buscar la retroalimentación en la comunicación.
- No tratar de impresionar al receptor.

Mensaje

- Que sea claramente entendido por el receptor.
- Que la terminología usada sea de referencia común.
- Que reclame la atención y el interés del alumnado.
- Que sea sencillo de interpretar.
- Que su contenido sea adecuado y convincente.
- Que produzca el máximo efecto posible.

Canal

- Que sea el más apropiado al grupo al que se dirige, al contenido del mensaje y al objetivo que persigue el formador.
- Que sea el que cause mayor impacto en el receptor.
- Que sea el más eficaz.
- Que sea el que mejor domine el formador.

4. La comunicación verbal y no verbal en el proceso instructivo

Los medios de comunicación pueden agruparse en dos grandes bloques: los **medios verbales,** que son aquellos que usan la lengua como código comparti-do; y los **medios no verbales,** que son los que se fundamentan en otros códigos simbólicos. A su vez, dentro de los medios verbales, están el medio escrito y el medio oral.

Cada uno de estos medios tiene sus ventajas y sus inconvenientes, por lo que la selección del medio deberá tener en cuenta las circunstancias y carac-terísticas que en cada caso presenta el comunicador, la audiencia y el mensaje que se ha de transmitir.

4.1. Los medios verbales

La comunicación verbal

La comunicación verbal se utiliza para comunicar ideas o dar información, opiniones, expresar o describir sentimientos, etc. Sirve de vehículo a los con-tenidos explícitos del mensaje. Para garantizar la efectividad de la comunica-ción, es necesario que el mensaje se presente de forma descriptiva y operativa, pero siempre teniendo muy en cuenta el código común del grupo al que va dirigida esta comunicación.

Un uso correcto del lenguaje oral ayuda a acercarse más a los alumnos. Los principales aspectos a considerar son los que aparecen a continuación.

Construcciones gramaticales

El objetivo será transmitir el mensaje de la manera más clara posible. Se deben evitar los giros rebuscados, la sintaxis complicada y las metáforas. En las explicaciones y conversaciones debe primar el contenido sobre la forma.

Vocabulario

Es importante saber qué palabras van a expresar mejor los conceptos que se desean transmitir y las que pueden ser comprendidas mejor por los alumnos. El análisis previo de los alumnos ayuda a saber qué términos técnicos se pueden utilizar sin problemas, cuáles se tienen que explicar y cuáles se deben evitar.

En general, siempre hay que mantenerse dentro de un lenguaje formal, evitando los vocablos demasiado coloquiales, las palabras extranjeras, las referencias académicas y expresiones de carácter religioso, político, deportivo o cultural, que pueden resultar agresivas para los alumnos.

Ejemplos

Los conceptos abstractos que pueden aparecer y que dificultan la adquisición de los contenidos, tienen que ser expresados mediante las explicaciones del formador, siempre apoyándose en la visualización.

La comunicación escrita

La comunicación escrita posee un carácter más veraz que la oral. La interacción que tiene lugar entre el emisor y el receptor no es inmediata, en algunas ocasiones no llega a producirse jamás. Este tipo de comunicación ofrece más oportunidades expresivas y mayor complejidad gramatical, sintáctica y léxica. También hay que tener en cuenta que a veces dificulta la expresión y/o puede no proporcionar *feedback* de manera inmediata.

4.2. Los medios no verbales

Al igual que las palabras, los elementos de la comunicación no verbal son signos que representan una idea (se excluyen todos los signos lingüísticos).

A diferencia de la comunicación verbal, su función no se centra sólo en la transmisión de contenido, sino que traspasa esa frontera para expresar también las emociones del emisor, controlar la interacción y proporcionar *feedback* del efecto que el mensaje produce en el receptor. Todas estas funciones son muy útiles para el formador, tanto en su tarea de transmisor de conocimientos como en la tarea de motivar y dirigir al grupo.

A continuación, se detallan las diferentes categorías en las que se agrupan los elementos de la comunicación no verbal.

Kinesia

Posturas

Una de las primeras cosas que el formador debe transmitir a sus alumnos es confianza y seguridad, lo que puede conseguirse a través de una postura erguida (sin llegar a ser arrogante), de pie, apoyándose sobre los dos pies y manteniendo la cabeza alta.

Esta postura es útil, especialmente durante la presentación del curso, porque ayuda a relajar el cuerpo, a facilitar la respiración y a controlar las muestras de nerviosismo, al tener un buen apoyo en el suelo.

A medida que avanza el curso, se pueden adoptar otras posturas que faciliten el descanso (apoyarse), el acercamiento (echar el cuerpo hacia delante) o que resten protagonismo (sentarse).

Gestos

Los gestos son un buen aliado del formador, excepto cuando éste se siente incómodo o nervioso. Gestos de carácter adaptador, como rascarse o colocarse la ropa, pueden delatar su estado emocional.

La mayoría de los gestos cumplen la función de reforzar el mensaje verbal (ilustradores), aunque existen otros cuya función es regular las intervenciones cuando se dirige una discusión de grupo.

Expresiones faciales

Las expresiones de la cara transmiten las emociones y permiten obtener fácilmente una respuesta del alumno.

Una expresión facial agradable, como una sonrisa no forzada, facilita la creación de un ambiente relajado en el aula. Una sonrisa puede ser muy útil también para romper la tensión que inevitablemente surge en algunas sesiones.

Mirada

La mirada, junto con la postura, es uno de los mejores métodos para transmitir confianza (en momentos de nerviosismo se tiende a apartar la vista) y para captar la atención de los alumnos.

Mientras el formador habla debe mantener la mirada sobre los alumnos la mayor parte del tiempo, mirándolos el tiempo suficiente como para que se sientan atendidos pero no incómodos. También se puede utilizar la mirada durante las discusiones de grupo, con una función reguladora de las distintas intervenciones.

Desplazamientos

Realizar desplazamientos en el aula capta la atención del alumnado, además de facilitar el contacto visual. Hay que procurar que no sean repetitivos o bruscos (pasear cerca de los alumnos), y cambiar de un recurso a otro (ir de la pizarra al retroproyector), etc.

 **Recuerde**

Los recursos no verbales que estudia la Kinesia son:

▌ Posturas.
▌ Gestos.
▌ Expresiones faciales.
▌ Mirada.
▌ Desplazamientos.

Estos recursos pueden utilizarse tanto para reforzar lo que se expresa mediante la comunicación verbal como para sustituirlo.

Proxémica

El aspecto de la proxémica que más interesa es la proximidad física entre los individuos, ya que los alumnos pueden sentirse violentos si el formador se aproxima excesivamente a ellos o, por el contrario, verle distante si no se acerca.

Se debe prestar atención a este aspecto, tanto durante las intervenciones como al distribuir el espacio del aula que se va a emplear, evitando siempre que los asientos estén demasiado juntos o demasiado separados.

Paralingüística

Para captar la atención del público, los oradores suelen hacer uso de determinados aspectos como el tono de voz o las pausas, que en algunos casos pueden parecer exagerados.

El formador, aunque emplee el método de la lección magistral, no es un orador y, por tanto, no debe prestar especial atención a estos aspectos, excepto cuando le plantean algún problema, debido a la ansiedad, al cansancio o a un mal estado de salud. Practicar en voz alta y realizar grabaciones durante la fase de preparación puede ayudar a vencer estas dificultades.

Volumen

Aunque el aula sea pequeña, se tiene que realizar el esfuerzo de hablar lo suficientemente alto para que todos los alumnos oigan las explicaciones y, a la vez, transmitir confianza. En general, el volumen se ajustará instintivamente cuando se compruebe dónde se sitúa la persona que se encuentra más alejada.

Entonación

El problema más frecuente, especialmente si se está cansado, es la monotonía, que no contribuye a captar la atención ni a motivar a los alumnos.

El interés que el formador muestre por el tema y una correcta preparación le hará destacar los puntos clave y jugar con la entonación de una forma adecuada a lo largo de toda la exposición.

Pronunciación

Los problemas se presentan especialmente cuando se está nervioso o se habla demasiado rápido. Se debe hacer un esfuerzo por articular todas las palabras de manera limpia y clara, abriendo la boca lo suficiente para pronunciar correctamente las sílabas, consonantes y vocales.

Velocidad

Una velocidad correcta puede ayudar a resolver problemas de pronunciación y de entonación. Se debe hablar a una velocidad normal o algo superior, para facilitar el mantenimiento de la atención. No obstante, si se está nervioso, se puede hablar con mayor lentitud para facilitar la respiración y relajarse. También se debe reducir la velocidad cuando se expliquen conceptos técnicos complejos o cuando se espere alguna respuesta por parte de los alumnos.

Recuerde

Los elementos que trata la Paralingüística son:

- El volumen.
- La entonación.
- La pronunciación.
- La velocidad.

Proyección física

Existen determinados factores que, sin que la persona diga ni haga nada, transmiten información y hacen referencia a la imagen física que esta persona proyecta.

Es fundamental que el formador transmita una imagen positiva para los alumnos. Se debe cuidar el aspecto externo y los artefactos que se usen, como los adornos y prendas de vestir. La manera adecuada de vestir depende de la situación y siempre debe estar en consonancia con lo que cada colectivo de alumnos espera del formador.

Ejemplo

Sería negativo vestir pieles para impartir un curso cuyo objetivo fuese desarrollar actitudes positivas hacia la protección del medio ambiente.

En cualquier caso, se debe llevar ropa que resulte cómoda, bien cuidada y no demasiado llamativa. A los adornos y al peinado se aplican las mismas reglas que al vestido.

 Importante

Un objetivo fundamental del formador es dirigir la atención de los alumnos hacia el contenido que está desarrollando, nunca hacia su persona.

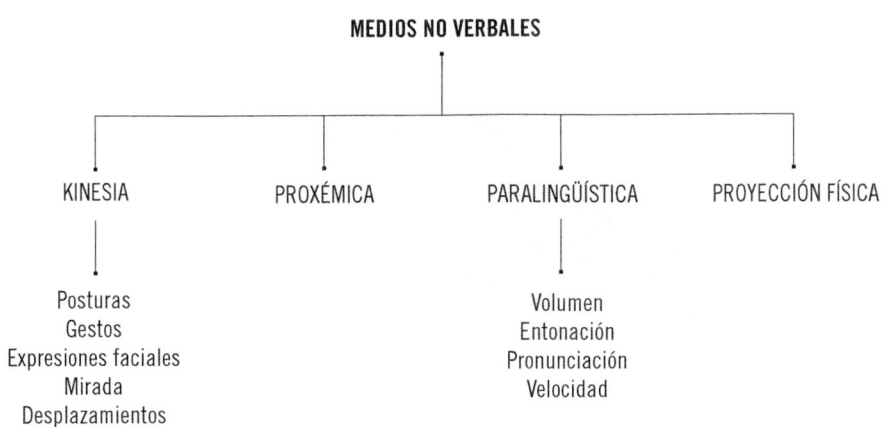

Finalmente, conviene recordar que si el formador observa atentamente la comunicación no verbal que expresan los alumnos, obtendrá una gran cantidad de información.

Hay numerosos signos no verbales que puede mostrar el alumno:

- **Atención:** posturas del cuerpo (inclinado hacia delante, hacia atrás...).
- **Necesidad de hablar:** movimientos sutiles de la boca, de la mano, etc.
- **Irritación:** movimiento de pies, manipulación de objetos sobre la mesa, etc.

- **Concentración:** tomar apuntes, mirar al docente, etc.
- **Cansancio:** cuerpo hundido, suspiros, etc.
- **Inercia:** silencios de todo el grupo, etc.
- **Desinterés:** cerrar el cuaderno, bostezar, mirar al vacío, etc.
- **Sorpresa:** levantar los brazos, abrir la boca, levantar las cejas, abrir los ojos, etc.

Si se observan estos elementos de forma atenta, se podrá obtener información sobre la comprensión del mensaje y el estado emocional de los alumnos, lo que será de gran utilidad para el formador durante el curso.

La comunicación no verbal aporta información al formador sobre los alumnos

5. Técnicas de secuenciación de contenidos

Una vez seleccionados los contenidos, hay que ordenarlos secuencialmente. La **secuenciación y estructuración de los contenidos** es el proceso que permite situarlos en una configuración que produce el máximo aprendizaje en el mínimo tiempo posible.

Algunas de las técnicas para la secuenciación de contenidos son las siguientes:

- Que los contenidos estén de acuerdo con los objetivos propuestos y con los plazos previstos para conseguirlos.

- Empezar por los contenidos más próximos y significativos para el alumno, para llegar poco a poco a lo desconocido. De esta manera, resultará más fácil introducir los nuevos contenidos.
- Ir de lo inmediato a lo remoto.
- Ir de lo concreto a lo abstracto.
- Ir de lo más fácil a lo más difícil. Esto motiva al alumnado porque le va mostrando los avances de manera rápida.

Las principales ventajas que este proceso conlleva son:

- Ayuda al participante a pasar de un conocimiento o habilidad a otro.
- Garantiza que los conocimientos y habilidades previas son alcanzados antes de introducir elementos nuevos.
- Reduce el tiempo de formación.
- Evita la confusión y los fallos en el participante.

Estos puntos son los principales aspectos a tener en cuenta cuando se realiza la presente fase de la programación de la formación, es decir, cuando se fijan los contenidos de la formación.

6. La selección y planificación de estrategias didácticas

Las personas que realizan un curso de formación son diversas, por ello es muy importante que las estrategias didácticas se adapten, de la mejor forma posible, al contexto y permitan una flexibilidad.

 Definición

Estrategias didácticas
Son procedimientos que el formador emplea para facilitar el aprendizaje, con la intención de que éste sea significativo.

Tras la selección y estructuración de contenidos, llega el momento de decidir la modalidad de formación a seguir y la metodología a utilizar en su impartición. Pero esta decisión no se puede tomar arbitrariamente, sino que ha de basarse en unos criterios. Los criterios de decisión básicos para determinar qué estrategia y qué método de formación es el adecuado, son:

- La compatibilidad con los objetivos.
- Los principios generales del aprendizaje del adulto: individualización, motivación, utilidad, practicidad, intereses, etc.
- Los principios de rigor, realismo y participación.
- El carácter eminentemente aplicativo de los aprendizajes.
- La posibilidad de transferir los aprendizajes al puesto de trabajo.
- Los recursos disponibles, incluido el tiempo.
- Los factores relacionados con los participantes, como el estilo de aprendizaje, la edad, el tamaño del grupo, la motivación, etc.

Una vez escogido el método, se observa que ninguno es químicamente puro, sino que unos participan de otros. Por lo demás, todo método puede ser adecuado o inadecuado dependiendo del modo en que sea empleado.

Los formadores deben utilizar los métodos flexiblemente, de la forma que mejor se adapten al estilo de formación, a la materia y a los alumnos, complementando cada método con la técnica y recurso didáctico más acorde.

7. La selección y planificación de medios y recursos didácticos

Para realizar cualquier acción formativa, hace falta algo más que elegir y aplicar unos métodos y unas técnicas. Son necesarios los medios y recursos didácticos, que van a ayudar a desarrollar la metodología seleccionada en el aula. Los medios y recursos didácticos permiten el trasvase de información formador-alumno.

 **Definición**

Medios didácticos
Son materiales elaborados para facilitar los procesos de enseñanza-aprendizaje.

Recursos didácticos
Son soportes mediante los cuales se presentan los contenidos del curso a los alumnos.

A la hora de escoger el medio o recurso a utilizar, se deben tener en cuenta los siguientes criterios:

- **Características de la materia o tema.** Dependiendo de la naturaleza de los contenidos, éstos pueden ser transmitidos por unos u otros métodos.
- **Los objetivos del curso.** Toda selección de medios y estrategias de enseñanza deben realizarse en función de éstos.
- **La disposición del aula y el número de alumnos.** Hay que tener cuidado, sobre todo en la visibilidad de alguno de los recursos, porque pueden perder eficacia.
- **Tiempo disponible para la formación.** Este elemento tiene que estar siempre presente, porque, en función del tiempo que se tenga, se elegirá lo que se adapte mejor a las necesidades.
- **Recursos disponibles,** ya que en algunas ocasiones están a nuestro alcance.
- **El uso que se haga de ellos,** cuál es la finalidad, qué es lo que se pretende y en qué momento se van a utilizar.
- **El nivel de conocimiento de los alumnos** sobre el tema.

Todos estos puntos se han de tener en cuenta a la hora de escoger un medio o recurso didáctico. La finalidad de éstos no es otra que la de fundamentar, apoyar y reforzar el acto formativo.

8. La planificación de la evaluación del proceso de enseñanza-aprendizaje

La aplicación de programas de formación lleva a la obtención de unos determinados resultados. Éstos serán los frutos de la formación y mostrarán el grado de eficacia y eficiencia con que se lleva a cabo la función formativa.

Los resultados indican el éxito de la formación mediante su contraste con los objetivos fijados anteriormente. Este procedimiento recibe el nombre de **evaluación,** proceso ampliamente conocido y con trascendencia reconocida para la formación. Según el proceso de evaluación aplicado, los resultados obtenidos serán reales y fiables, o bien, falseados.

Para que los resultados de la evaluación muestren con certeza el grado de éxito alcanzado con la formación, es necesario un requisito previo: el establecimiento de criterios de evaluación durante el proceso de planificación de la formación. Los criterios actúan como puntos de referencia, a partir de los cuales se valoran los resultados obtenidos.

Los criterios de evaluación han de fijarse con mucha atención, ya que determinan el proceso de evaluación, y éste juzga el grado de éxito de la función formativa.

El primer aspecto a tener en cuenta es la validez: los criterios de evaluación han de ser válidos en relación a los elementos del proceso formativo.

Los aspectos que determinan el grado de validez de los criterios de evaluación son:

- La relevancia.
- La no deficiencia.
- La no contaminación.
- Su fiabilidad.

El establecimiento de criterios válidos y fiables permitirá elaborar un proceso de evaluación de la formación que mida rigurosamente la eficacia y la eficiencia de la función formativa.

9. El seguimiento formativo

El seguimiento es un proceso continuo que sirve para evaluar la eficacia del uso de los recursos y para saber qué iniciativas se pueden emprender para mejorar el aprovechamiento de los recursos formativos.

El seguimiento, además de realizarse después de haber finalizado la planificación formativa, también se realiza antes de la acción.

9.1. Características

El seguimiento formativo permite evaluar los distintos componentes (desde los alumnos hasta todos los elementos que forman la programación) que intervienen en él durante todo el proceso de formación.

El seguimiento formativo se diferencia de la evaluación en que éste tiene que ver más con tareas organizativas, de coordinación, administrativas, etc.; sin embargo, la evaluación valora aspectos de los procesos de formación, como pueden ser la comunicación, el aprendizaje de los nuevos conocimientos, etc.

Con la realización adecuada de un seguimiento formativo:

- Se pueden **descubrir errores o desajustes** en el proceso de enseñanza-aprendizaje antes de que se realice la evaluación final para comprobarlos.
- Se pueden **corregir los errores** en el momento en el que se están produciendo.
- Además, **se detectan los aspectos positivos** que tienen lugar a lo largo de todo el proceso y las **posibles mejoras** que se pueden realizar.

El seguimiento formativo tiene que ser realizado por todas las personas que están implicadas en la realización de los cursos de formación (tutores, coordinadores, técnicos, etc.), por ello, el formador es una figura importante en el proceso de formación, ya que se encuentra implicado en él.

El proceso de formación debe estar planificado, pensado y planteado antes de que empiece la acción de formación, nunca debe llevarse a cabo de manera cerrada, sino que tiene que estar abierto a cualquier cambio que se considere necesario.

9.2. Finalidad

Son varias las finalidades que persigue el seguimiento formativo:

- Ayudar a comprender por qué ocurren algunas cosas y qué se puede hacer para intervenir en ese proceso que se está llevando a cabo.
- Identificar y solucionar los problemas que surgen a lo largo del proceso.
- Contribuir para elaborar planes de formación de manera objetiva, sin desviarse de la finalidad éste.
- Colaborar en la disminución y control del uso de los recursos materiales.
- Determinar el nivel que puede alcanzar el rendimiento y relacionarlo con el rendimiento actual.
- Diagnosticar y detectar problemas para llevar a cabo las acciones correctivas pertinentes.

9.3. Planificación

El seguimiento formativo debe planificarse antes y durante la acción formativa.

El objetivo de este seguimiento es comprobar la eficacia de la acción formativa antes de que ésta llegue a su fin, es decir, es necesario que durante este proceso todos los elementos que van a formar parte del aprendizaje estén planificados.

Los dos momentos que hay que tener en cuenta para planificar el seguimiento formativo son:

- **Antes de la acción formativa:** es necesario conocer las necesidades, el perfil del alumno, qué materiales, instrumentos, recursos, medios didácticos se van a usar.

- **Durante la acción formativa:** aquí el seguimiento se utiliza para comprobar los posibles errores y mejoras que se pueden llevar a cabo. Ofrece la posibilidad de poder modificar aquellas acciones o medios que dificultan el avance del aprendizaje.

10. Instrumentos para el seguimiento

A lo largo de un ciclo formativo pueden suceder errores y surgir problemas, esto abarca desde la identificación de necesidades hasta la planificación, el diseño, la implantación y la evaluación. Por todo esto, es importante saber cuál es la causa del problema y saber tomar las medidas oportunas para que no se origine nuevamente.

Para detectar el origen del problema, siempre se necesita una información determinada, ésta sólo se puede obtener mediante técnicas que ayuden a obtenerlas, es decir, que permitan recabar y analizar los datos obtenidos.

Para el seguimiento del proceso de enseñanza-aprendizaje, se pueden confeccionar diferentes tipos de instrumentos de evaluación, como pueden ser los cuestionarios y utilizar la observación directa, etc., si el tipo de formación lo permite (presencial o semipresencial). Estos instrumentos variarán según el tipo de datos que se quiera conseguir.

Un ejemplo de plantilla para recoger y analizar la información podría ser esta:

CURSO:		1º Módulo	2º Módulo	3ºMódulo
Objetivos del módulo	Suficiente			
	Insuficiente			
	Adecuado			
	Inadecuado			

Continúa en página siguiente >>

<< Viene de página anterior

CURSO:		1° Módulo	2° Módulo	3°Módulo
Contenidos del módulo	Suficiente			
	Insuficiente			
	Adecuado			
	Inadecuado			
Metodología	Suficiente			
	Insuficiente			
	Adecuado			
	Inadecuado			
Actividades y recursos	Suficiente			
	Insuficiente			
	Adecuado			
	Inadecuado			
Recursos materiales	Suficiente			
	Insuficiente			
	Adecuado			
	Inadecuado			
Recursos humanos	Suficiente			
	Insuficiente			
	Adecuado			
	Inadecuado			
Proceso de evaluación	Suficiente			
	Insuficiente			
	Adecuado			
	Inadecuado			
Nivel de satisfacción del alumnado	Suficiente			
	Insuficiente			
	Adecuado			
	Inadecuado			

Para el seguimiento del aprendizaje, como la información que se obtiene es de diferente índole, se recogerá mediante la aplicación de las técnicas seleccionadas y elaboradas para la evaluación de cada uno de los aspectos planteados (observación directa de los trabajos, participación, cuestionarios acerca de la motivación y satisfacción del alumnado, etc.).

Por ejemplo, los contenidos que se podrían incluir en la "parrilla" de análisis son los siguientes:

CURSO		1er Módulo	2º Módulo	3er Módulo
Conceptos (comprende los contenidos conceptuales)	Con facilidad			
	Con normalidad			
	Con dificultad			
Procedimientos (aplica y desarrolla los contenidos procedimentales)	Con facilidad			
	Con normalidad			
	Con dificultad			
Actitudes (manifiesta las actitudes adecuadas a los contenidos)	Con facilidad			
	Con normalidad			
	Con dificultad			
Motivación y participación	Con facilidad			
	Con normalidad			
	Con dificultad			
Satisfacción del alumno	Con facilidad			
	Con normalidad			
	Con dificultad			

Dos de las herramientas básicas son:

- **Los diagramas de flujo:** éstos sirven para desglosar en forma de componentes, para presentar una clara imagen de lo que ocurre.
- **Los checklists:** éstos son especialmente útiles para garantizar que se han realizado todas las acciones necesarias. Es otro método de ayuda orientado a los formadores y participantes para preparar, utilizar y solucionar los problemas del equipamiento.

Otros métodos de seguimiento y control que pueden ayudar en la formación son:

- Las reuniones formales e informales.
- Pasar un informe de las sesiones, cuestionarios de satisfacción o formularios de evaluación del curso.
- Entrevistas de evaluación.

 Recuerde

Algunos de los instrumentos de seguimiento más utilizados son:

▮ Cuestionario de satisfacción
▮ Cuestionario de motivación
▮ Observación directa
▮ Reuniones formales e informales
▮ Entrevistas de evaluación

11. Metodología de la evaluación del diseño de formación

Los métodos empleados en la evaluación siempre suelen son los mismos, independientemente de que se evalúen los objetivos, los contenidos, los recursos, etc. A pesar de esto, hay que tener en cuenta que no se deben utilizar todos los métodos que se van a nombrar, sino que todo dependerá de lo que se esté evaluando.

Los métodos más frecuentes son:

- Observación sistemática.
- Observación mediante observadores externos o internos del grupo.
- Análisis de trabajo.
- Entrevistas personales.
- Situaciones de simulaciones.

- Diálogos, debates.
- Cuestionarios específicos.
- Inventarios.
- Grabaciones en vídeo.
- Etc.

11.1. Evaluación de los objetivos

Cuando se diseña el programa formativo, se deben concretar los objetivos que serán objeto de evaluación al finalizar el curso, para comprobar si éstos se han alcanzado o no.

Los objetivos marcan aquellos aspectos claves que debe adquirir el alumno para alcanzar unas competencias determinadas. Éstos determinarán lo que el alumno será capaz de saber y saber hacer al acabar el curso, en unas condiciones dadas y con unos medios determinados.

Si, al finalizar el curso, se observa que los objetivos no se han cumplido en su totalidad, hay que analizar cuál ha sido la causa de este error y corregirlos. Si se han cumplido los objetivos, habrá que determinar los motivos de éxito, para volver a ponerlos en práctica en futuros cursos.

Los objetivos marcados al inicio de la formación sirven para:

- Dirigir la formación, es decir, saber hacia dónde se quiere llegar con ésta.
- Comprobar qué se ha logrado.
- Facilitar la evaluación, ya que se sabe cuáles son los objetivos que hay que evaluar.
- Reorientar la formación en el mismo momento que se está realizando.
- Elegir los métodos más adecuados para la formación.

La evaluación de los objetivos debe medirse atendiendo a:

- **Objetivos generales:** son utilizados para saber cuáles son las competencias generales.
- **Objetivos específicos:** parten de los objetivos generales.

■ **Objetivos operativos:** son derivados de los específicos. Son objetivos más concretos y siempre deben estar relacionados con actividades u operaciones determinadas. Son los más fáciles de medir.

 Ejemplo

Objetivos específicos para evaluar un curso de primeros auxilios:

▮ Aprender los conceptos básicos y generales de los primeros auxilios.
▮ Adquirir las habilidades y aplicar los principios de actuación para poder reaccionar adecuadamente en situaciones de urgencia.
▮ Conocer los aspectos jurídicos relacionados.

11.2. Evaluación de los contenidos

La evaluación de los contenidos se realizará para comprobar si los objetivos que se habían marcado al principio de la formación se han logrado, así como para eliminar aquellos contenidos que no aportan nada al curso.

Se debe tener siempre en cuenta que se puede lograr un mismo objetivo de formación utilizando diversos contenidos.

Para evaluar los contenidos, hay que comprobar si se ha seguido una secuencia lógica a la hora de impartirlos. Esta secuencia permite que los contenidos sean adquiridos por los alumnos de una manera más significativa, es decir, facilita el aprendizaje de los mismos.

Para que la evaluación de los contenidos resulte positiva, éstos deben ir expuestos:

■ De acuerdo con los objetivos propuestos y con los plazos previstos para conseguirlos.
■ De lo conocido a lo desconocido.

- De lo inmediato a lo remoto.
- De lo concreto a lo abstracto.
- De lo fácil a lo difícil.

Otro aspecto a tener en cuenta para que la evaluación de los contenidos sea positiva, es que éstos se deben estructurar adecuadamente, por ejemplo, mediante módulos, unidades didácticas, etc. Éstas tienen que abarcar los conocimientos, las habilidades y las actitudes que capacitan al alumno para poner en práctica las funciones que desempeñará en su puesto de trabajo. Por lo general, se pueden constituir equivalencias entre objetivos generales y cursos, objetivos específicos y módulos, unidades didácticas, etc. así como entre objetivos operativos y sesión formativa,.

 Ejemplo

Siguiendo el ejemplo anterior de primeros auxilios, los contenidos que se evaluarán para comprobar si se han logrado o no los objetivos anteriormente propuestos, son:

I Primeros auxilios: conceptos generales.
I Soporte vital básico (reanimación cardio-pulmonar)-adultos.
I Soporte vital básico-niños.
I Soporte vital instrumental.
I Traumatismos osteoarticulares. Inmovilizaciones (vendajes y férulas improvisadas).
I Movilización de urgencia y posiciones de espera.
I Traumatismos craneales y vertebro-medulares.
I Otras situaciones de emergencia.

11.3. Evaluación de la metodología

La evaluación de la metodología consiste en comprobar que los métodos que se han utilizado son los adecuados para lograr los objetivos formativos, aunque éstos deben ser flexibles a la hora de utilizarlos, ya que deben adaptarse a la materia tratada, a los alumnos, a los recursos disponibles, etc.

Para conseguir que la evaluación de la metodología sea positiva, se deben tener en cuenta las características que se emplean para definir un método. Éstas pueden ser:

- Presentar y mostrar la problemática del tema para que, a través de la reflexión y el esfuerzo, el alumno pueda resolverla.
- Respetar tanto la libertad de expresión como de creación.
- Las actividades que están destinadas al alumno tienen que ser dirigidas por el formador para que el alumno reflexione y participe.
- Motivar al alumno, relacionando los temas con sus intereses, motivaciones y necesidades.
- Organizar los nuevos aprendizajes para que se integren con los ya adquiridos.
- Tener en cuenta las limitaciones y las posibilidades que tiene cada alumno.
- Dar lugar a la acción individualizada a través de tareas que requieran planteamientos y acciones individualizadas.

11.4. Evaluación de actividades y recursos

Las **actividades** son unos elementos que acompañan a los contenidos formativos, ya que éstas refuerzan los contenidos que son expuestos por el formador. Siempre debe existir coordinación entre ambos, para esto se deben seleccionar adecuadamente tanto los métodos como las técnicas.

Para evaluar las diversas actividades que se han desarrollado, hay que formular una serie de preguntas para saber si las actividades han sido eficaces o han fallado en su ejecución. Algunas de estas preguntas pueden ser:

- ¿Qué ha hecho el alumno?
- ¿Ha sabido aplicar los conocimientos necesarios para lograr resolver las actividades?
- ¿Valora y comprende la finalidad de la actividad?
- ¿Ha mostrado interés en la realización de la misma?
- ¿Qué ha aprendido?
- ¿Han sido válidas las actividades?

- ¿Cuáles han fallado? ¿Por qué?
- ¿Se han alcanzado los objetivos?
- Etc.

Junto con las actividades, los recursos también tienen que ser evaluados, ya que de ellos va a depender en cierta manera la eficacia de las actividades. Por eso, en la evaluación de los recursos hay que tener en cuenta la eficacia de aquellos que se han utilizado y cuáles son los que se hubieran necesitado para desarrollar el curso.

Se pueden distinguir varios criterios para evaluar la eficacia de los recursos:

- Su calidad, porque actúa como mediador entre la realidad y la estructura cognitiva del alumno.
- El contexto metodológico, ya que todo va a depender de la metodología usada por el formador.
- Los propios alumnos, sus motivaciones, intereses, etc.
- La experiencia del formador en el manejo de los diversos recursos, sus habilidades, etc.

También es necesario tener en cuenta qué evaluar de los recursos:

- La rentabilidad de éstos.
- El aprovechamiento para distintas finalidades.
- El mantenimiento.
- La actualización, deben adaptarse a las nuevas tecnologías.
- La adecuación al proceso de enseñanza-aprendizaje.
- Posibilitar la acción, estimular y responder a las curiosidades presentes en el alumnado.

11.5. Evaluación del formador

La figura del formador es muy importante a lo largo de todo el proceso formativo, ya que, en cierta manera, el éxito o el fracaso de la formación recae sobre él, por lo tanto, es imprescindible conocer previamente a la persona que va a impartir un curso.

El formador es el mediador entre los contenidos y los alumnos, por lo que debe evaluarse de forma continua y a lo largo de todo el proceso de enseñanza-aprendizaje, así como al final del proceso, momento en que se comprobará si los métodos y estrategias que ha diseñado y utilizado han sido los adecuados, introduciendo posibles modificaciones para las prácticas futuras.

La evaluación del formador se puede realizar desde varias vertientes, en cada una de ellas se evalúan aspectos diferentes, pero todas persiguen el mismo fin, que es fomentar la calidad de la formación.

Evaluación realizada por los alumnos

Los alumnos pueden evaluar aspectos como la relación del formador con los alumnos, la organización de las sesiones, el control de clase, la efectividad de la enseñanza, etc.

En la siguiente tabla se muestra un cuestionario a modo de ejemplo:

Marque la opción que más se adecúe a las características que prevalecieron a lo largo del curso

---

1. Las oportunidades que tuve para realizar preguntas en clase fueron:
   a. Frecuentes
   b. Regulares
   c. Escasas
   d. Muy escasas

---

2. El interés que mostró el formador respecto a los alumnos fue:
   a. Satisfactorio
   b. Regular
   c. Poco
   d. Muy pobre

---

3. El clima existente en el aula fue:
   a. Bueno
   b. Regular
   c. Tenso
   d. Malo

Continúa en página siguiente >>

<< Viene de página anterior

**Marque la opción que más se adecúe a las características
que prevalecieron a lo largo del curso**

4. En la prueba final se evaluaban los contenidos dados a lo largo del curso:
   a. Sí
   b. No

5. El material presentado en el curso fue:
   a. Original
   b. Poco original
   c. Nada original

6. Las actividades que realicé para asimilar los contenidos fueron:
   a. Útiles
   b. Regulares
   c. Pobres
   d. Inútiles

7. El contenido marcado para el curso se expuso en su totalidad:
   a. Sí
   b. No

8. El grupo de alumnos afectó a mi aprendizaje:
   a. De manera positiva
   b. De manera negativa
   c. No me afectó

9. El material audiovisual me pareció:
   a. Atractivo
   b. Regular
   c. Inadecuado

10. Los procesos, problemas y soluciones experimentados en el trabajo en
    grupo fueron:
    a. Bien planteados
    b. Regular planteados
    c. Mal planteados

11. Las exposiciones por parte del docente me parecieron:
    a. Buenas
    b. Regulares
    c. Malas

Continúa en página siguiente >>

<< Viene de página anterior

Marque la opción que más se adecúe a las características que prevalecieron a lo largo del curso

---

12. La actuación del profesor durante el curso evidenció:
    a. Un elevado conocimiento de la materia
    b. Un mediano conocimiento
    c. Un escaso conocimiento

---

13. El profesor supo controlar las conductas perturbadoras sucedidas a lo largo del curso de forma:
    a. Eficaz
    b. Regular
    c. Ineficaz

---

14. El ritmo que siguió el profesor al exponer los contenidos me pareció:
    a. Muy bueno
    b. Satisfactorio
    c. Monótono

---

15. La secuencia de presentación de los contenidos del curso fue:
    a. Lógica
    b. Regular
    c. Arbitraria

---

16. La actuación del profesor despertó interés y motivación:
    a. Muchas veces
    b. Algunas veces
    c. Pocas veces
    d. Ninguna vez

Evaluación realizada por el propio formador

En esta evaluación, el formador va a evaluar la preparación del curso, el desarrollo del mismo, y también realizará una evaluación propia de su actuación como formador.

En la siguiente tabla se muestra un cuestionario a modo de ejemplo:

Marque la opción que más se adecúe a las características que prevalecieron a lo largo del curso

A. PREPARACIÓN DEL CURSO

1. ¿Cómo ha sido el tiempo con el que ha contado?
    a. Suficiente
    b. Insuficiente

¿Por qué? _____

2. ¿Cómo considera la distribución de las sesiones del curso?
    a. Adecuadas
    b. Inadecuadas

¿Por qué? _____

3. ¿Ha dispuesto de las guías didácticas del curso?
    a. Sí
    b. No

¿Por qué? _____

4. ¿Ha dispuesto de los recursos necesarios para la preparación de sus sesiones?
    a. Sí
    b. No

¿Cuáles le han hecho falta? _____

5. Teniendo en cuenta su nivel de formación, ¿ha necesitado apoyo por parte de la dirección del curso?
    a. Sí
    b. No

¿Cómo ha sido el apoyo? _____

B. DESARROLLO DEL CURSO

6. ¿El desarrollo de las sesiones (distribución y tiempo) se ha correspondido con la planificación prevista?
    a. Sí
    b. No

7. ¿La metodología utilizada para el desarrollo de las sesiones ha propiciado la participación e implicación del alumnado?
    a. Sí
    b. No

¿Por qué? _____

Continúa en página siguiente >>

<< Viene de página anterior

Marque la opción que más se adecúe a las características que prevalecieron a lo largo de curso

---

8. ¿Considera que el clima del curso ha sido el adecuado?
   - a. Sí
   - b. No

   ¿Por qué? _____

9. ¿El contexto donde se ha desarrollado el curso ha sido adecuado y oportuno?
   - a. Sí
   - b. No

   ¿Por qué? _____

10. ¿Ha conseguido los objetivos propuestos?
    - a. Sí
    - b. No

    ¿Por qué? _____

C. AUTOEVALUACIÓN

---

11. Evalúe de 1 a 4 los siguientes apartados relacionados con su intervención como formador, donde:

    1. Considero imprescindible mejorar mi formación en este aspecto.
    2. Considero necesario mejorar mi formación en este aspecto.
    3. Cuento con recursos necesarios para el desarrollo ajustado del curso, pero podría encontrar dificultades si éste cambia el rumbo prefijado.
    4. Mi formación al respecto es adecuada y dispongo de recursos suficientes para el desarrollo óptimo del curso.

	1	2	3	4
Dominio de los contenidos				
Metodología/didáctica empleada				
Comunicación con el alumnado				
Trabajo en equipo				

D. AMPLIACIÓN

Puede anotar a continuación cualquier aportación que desee realizar y no haya sido considerada en este cuestionario.

_____
_____

11.6. Tipos de evaluación

Existen diferentes tipos de evaluación, cada una se aplicará atendiendo a diferentes criterios.

Según su finalidad o función de la evaluación

Diagnóstica

Esta evaluación, como su nombre indica, tiene un carácter diagnóstico, ya que permite que se conozcan las potencialidades del alumno. De esta manera, la actividad didáctica se dirige de forma más efectiva.

Formativa

Se utiliza como estrategia para mejorar y ajustar los procesos formativos en el momento que se están llevando a cabo, para alcanzar las metas y los objetivos marcados. La evaluación formativa es aplicable a la evaluación de procesos.

Sumativa

Se aplica a la evaluación de productos terminados, es decir, se sitúa concretamente cuando finaliza un proceso, cuando éste se considera acabado. Su propósito es determinar el grado en que se han conseguido los objetivos establecidos, para evaluar de forma positiva o negativa el resultado. Esta evaluación permite tomar medidas tanto a medio como a largo plazo.

Según el momento de aplicación de la evaluación

Inicial

Se produce al principio del proceso de enseñanza-aprendizaje. La función que tiene la evaluación inicial es identificar el nivel de conocimientos que tienen los alumnos que inician un curso y, de esta manera, comprobar si los alumnos cuentan con los conocimientos necesarios para comenzarlo, y determinar si es posible impartirlo de acuerdo al programa formativo o si se requiere alguna modificación.

Procesual

La evaluación procesual se basa en valorar, de forma continua, el aprendizaje de los alumnos y la enseñanza del profesor, a través de la recogida sistemática de datos, toma de decisiones, etc.

La evaluación procesual es totalmente formativa, ya que, al favorecer la recogida continua de datos, permite tomar decisiones en el mismo momento que se considere necesario.

Los resultados que se obtienen forman la base permanente para el formador a la hora de programar las actividades diarias, así como para establecer las actividades y los procedimientos más apropiados. De esta manera, se evitan las dificultades que se puedan producir en los aprendizajes que se están llevando a cabo. La finalidad de todo esto es evitar errores y vacíos en los aprendizajes posteriores.

Final

La evaluación final es aquella que se realiza al finalizar la formación, por lo tanto ésta recoge y valora los resultados obtenidos a lo largo de un periodo formativo.

Según su extensión

Global

Tiene en cuenta todos los elementos y procesos que guardan relación con todo lo que es objeto de evaluación. Por ejemplo, si se trata de evaluar el proceso de aprendizaje de los alumnos, esta evaluación se centra en todas las áreas en general, pero sobre todo en los diversos tipos de contenidos de enseñanza (conceptos, procedimientos, valores, normas, etc.).

Parcial

Esta evaluación no se realiza de manera global, sino que se lleva a cabo por partes, es decir, evalúa los componentes que más interesan.

Según los agentes que realizan la evaluación

Autoevaluación o evaluación interna

Es el proceso sistemático mediante el cual una persona o grupo examina y valora sus procedimientos, comportamientos y resultados, para identificar qué quiere corregir o modificar en él. La evaluación interna muestra que los alumnos están más motivados a la hora de realizar una tarea difícil. La puesta en práctica de la autoevaluación no conlleva que el profesorado abandone sus funciones, sino que implica una concepción diferente de la enseñanza.

La autoevaluación ofrece al estudiante ayuda para descubrir sus necesidades, cantidad y calidad de su aprendizaje, causas de sus problemas, dificultades y éxitos en el estudio. De esta manera, el alumno puede conocerse de manera más concreta.

Heteroevaluación o evaluación externa

La evaluación externa es realizada o llevada a cabo por otra persona que no es el protagonista del aprendizaje. En esta evaluación, lo más frecuente es que el profesor evalúe al alumno.

TIPOS DE EVALUACIÓN

Según su finalidad o función	- Diagnóstica - Formativa - Sumativa

---

Continúa en página siguiente >>

<< Viene de página anterior

TIPOS DE EVALUACIÓN

Según su momento de aplicación	- Inicial - Procesual - Final
Según su extensión	- Global - Parcial
Según los agentes que la realizan	- Autoevaluación o evaluación interna - Heteroevaluación o evaluación externa

Solucionarios de ejercicios de repaso y autoevaluación

Contenido

Solucionario 1
Aspectos jurídicos en el desarrollo de las funciones del personal de seguridad

Solucionario Capítulo 1

1. **De las siguientes frases, indique cuál es verdadera o falsa:**

   a. El vigilante de seguridad puede portar el arma de fuego en sus horarios de
      descanso y fuera del servicio.

      ☐ Verdadero
      ☑ **Falso**

   b. El vigilante de seguridad podrá realizar rondas utilizando la vía pública
      circundante al objeto de protección.

      ☑ **Verdadero**
      ☐ Falso

   c. El jefe de Estado es el presidente del Gobierno.

      ☐ Verdadero
      ☑ **Falso**

2. **¿Quiénes son considerados personal de seguridad privada?**

   Se consideran personal de seguridad privada los siguientes:

   I. El director de seguridad
   II. El jefe de seguridad.
   III. Detective privado.
   IV. El guarda rural y sus especialidades de guardas de caza y guardapescas
       marítimos.
   V. El vigilante de seguridad y su especialidad de vigilante de explosivos.
   VI. El escolta privado.

3. **Señale la opción correcta:**

   a. La Ley de Seguridad Privada es la Ley 4/2015, de 30 de marzo.
   b. **La Ley de Seguridad Privada es la Ley 5/2014, de 4 de abril.**
   c. La Ley de Seguridad Privada es la Ley 23/1992, de, 30 de noviembre.
   d. Todas las opciones son incorrectas.

4. ¿Cuáles fueron las fechas desde la aprobación hasta la publicación de la Constitución de 1978?

Se aprobó en el Congreso de los diputados el 31 de octubre de 1978, ratificándose en referéndum el 6 de diciembre de 1978, sancionada por el rey Juan Carlos I el 27 de diciembre, y publicada en el BOE y entrando en vigor, el 29 de diciembre de 1978.

5. ¿Es una función del vigilante de seguridad comprobar calderas?

Podría ser una función complementaria, siempre y cuando el objeto principal de su función sea la de vigilancia y protección de bienes muebles, inmuebles y personas que estuviesen relacionadas.

6. Complete la definición jurídica de seguridad privada.

El conjunto de actividades, servicios, **funciones** y **medidas de seguridad** adoptadas, de forma voluntaria u obligatoria, por personas físicas o **jurídicas,** públicas o privadas, realizados o prestados por empresas de seguridad, despachos de detectives privados y **personal de seguridad** privada para hacer frente a actos deliberados o riesgos **accidentales, o** para realizar averiguaciones sobre personas y bienes, con la finalidad de garantizar la seguridad de las personas, proteger su patrimonio y velar por el normal desarrollo de sus actividades.

7. ¿Qué es una directiva europea?

Son normas jurídicas, cuyo contenido son pautas y orientaciones a los Estados miembros y con una fecha límite para que elaboren una ley en concreto.

8. El arma de fuego reglamentaria del vigilante de seguridad es:

- a. Revólver 38 especial de 4 pulgadas.
- b. Revólver 38 de 4 pulgadas.
- **c. Escopeta de 12/70 de cartuchos de 12 postas cuando normativamente se exija, y el revólver 38 especial de 4 pulgadas.**
- d. Todas las opciones son incorrectas.

9. **¿Qué unidad policial es la competente para expedir tarjetas de identificación profesional de vigilante de seguridad?**

   a. Las correspondientes jefaturas de la Policía Local de cada municipio adscrito al módulo de seguridad privada emitido por el Ministerio del Interior y homologados a tal efecto.
   b. Solo la Unidad Central de Seguridad Privada del Cuerpo Nacional de Policía, bajo riesgo de inhabilitar por sanción grave a otras unidades que quieran expedirlas.
   c. **La Dirección General de la Policía, que delegará los trámites oportunos, en cada una de las unidades de seguridad privada del Cuerpo Nacional de Policía.**
   d. Las opciones a y b son correctas.

10. **Indique cuáles son las funciones principales del vigilante de seguridad privada.**

   Las funciones principales del vigilante de seguridad privada son las siguientes:

   ▮ Vigilancia y protección de los bienes muebles e inmuebles, establecimientos, lugares, eventos, ya sean públicos o privados, así como de las personas que se encontraran en su interior o realizando uso de los mencionados lugares.
   ▮ Evitar la comisión de hechos, ya sean delictivos o administrativos, debiendo oponer resistencia a ellos, o bien reacción ante la manifestación de ellos.
   ▮ Detendrá a los presuntos delincuentes y los pondrá a disposición de las Fuerzas y Cuerpos de Seguridad, así como también los protegerá y los pondrá a disposición de ellos toda prueba del delito constituida por los instrumentos y otras pruebas halladas en el lugar de la comisión criminal.
   ▮ Realizará aquellos controles preventivos necesarios para preservar la protección de los bienes jurídicos que estuviese protegiendo.
   ▮ Ejercerá las funciones de respuesta de verificación de alarmas, a sabiendas de que cuando esta verificación se realizase en los exteriores de los inmuebles podrá realizarlo un solo vigilante, y cuando haya que realizarlo en el interior de los mismos habrá que ser, al menos, dos vigilantes de seguridad.

Solucionario Capítulo 2

1. **De las siguientes frases, indique cuál es verdadera o falsa.**

   a. El bien jurídico protegido de las lesiones es la vida.

   ☐ Verdadero
   ☑ **Falso**

   b. Una madre que no alimenta a su hijo y este muere incurre en un delito de omisión del deber de socorro.

   ☐ Verdadero
   ☑ **Falso**

   c. La alevosía es un requisito para el delito de asesinato.

   ☑ **Verdadero**
   ☐ Falso

2. **¿Cuáles son los requisitos de la legítima defensa?**

   Serían los siguientes:

   ▌ Primero. Agresión ilegítima. En caso de defensa de los bienes se reputará agresión ilegítima el ataque a los mismos que constituya delito y los ponga en grave peligro de deterioro o pérdida inminentes.
   ▌ Segundo. Necesidad racional del medio empleado para impedirla o repelerla.
   ▌ Tercero. Falta de provocación suficiente por parte del defensor.

3. **Indique la opción correcta.**

   a. Sustraer 401 € con ánimo de lucro y sin consentimiento del titular se considera un delito de robo.
   b. Sustraer 401 € con ánimo de lucro y sin consentimiento del titular se considera una falta de robo.
   c. **Sustraer 401 € con ánimo de lucro y sin consentimiento del titular se considera un delito menos grave de hurto.**

d. Sustraer 500 € con ánimo de lucro y sin consentimiento del titular se considera un delito menos grave de hurto.

4. ¿Cuál es la ley orgánica que ha modificado el Código Penal de 1995?

La ley Orgánica 1/2015, de 30 de marzo.

5. ¿Cuándo comete una persona un delito de lesiones?

Cuando, por cualquier medio o procedimiento, la persona causare a otro una lesión que menoscabe su integridad corporal o su salud física o mental, siempre que la lesión requiera objetivamente para su sanidad, además de una primera asistencia facultativa, tratamiento médico o quirúrgico. La simple vigilancia o seguimiento facultativo del curso de la lesión no se considerará tratamiento médico.

6. ¿Qué diferencia hay entre hurto y robo?

En hurto no se emplea intimidación o violencia en las personas o fuerza en las cosas y en robo sí.

7. Carlos crea una sociedad para difundir odio y falta de tolerancia contra los inmigrantes. ¿Incurre en algún delito?

Incurre en un delito con ocasión de desarrollar un derecho fundamental, que es el de asociación, pero en este caso con fines ilícitos.

8. Es reo de homicidio el...

a. ... que, tras una primera atención facultativa, la persona fallece.
b. **... que matare a otro.**
c. ... que matare a otro empleando algún medio para terminar voluntariamente con su vida.
d. ... que matare a otro con alevosía.

9. **La falsificación de monedas es delito cuando...**

    a. ... se introduce en el país o se exporta moneda falsa o alterada que no sea de curso legal.

    b. ... se transporte, expenda o distribuya moneda falsa o alterada con conocimiento de su fantasía por el reverso para un beneficio publicitario.

    c. **... se dé la tenencia, recepción u obtención de moneda falsa para su expedición o distribución o puesta en circulación.**

    d. ... se exporte moneda falsa o alterada que no sea de curso legal.

10. **¿Quiénes pueden ser criminalmente responsables de un delito?**

Los autores y cómplices, entendiéndose también como autores a los inductores y cooperadores necesarios; la omisión de cuidar unos bienes jurídicos protegidos por ser garantes también se equiparará a la autoría.

Solucionario Capítulo 3

1. Defina el concepto de derecho procesal penal.

Es el conjunto de normas que regulan unos actos enfocados a resolver litigios de hechos constitutivos de delitos, sentando las bases de las formas, derechos y obligaciones de las partes que participen en los actos.

2. Defina el concepto de denuncia.

Es un acto que forma parte de la iniciación del proceso penal, en aras de que una persona física provea de la información sobre unos hechos que puedan ser constitutivos de delito, y estos puedan hacer que sean perseguidos y enjuiciados los receptores, previsto por mandato jurídico.

3. Señale la opción correcta.

a. La competencia del orden de la jurisdicción penal vendrá dada por las directrices emanadas por el Consejo General del Poder Judicial.
b. La competencia del orden de la jurisdicción penal vendrá dada por la competencia territorial, objetiva y funcional.
c. La competencia del orden de la jurisdicción penal vendrá dada por las directrices emanadas por el Consejo General del Poder Judicial, tras la aprobación en el Congreso de los Diputados.
d. Las opciones a y b son correctas.

4. ¿Qué causas penales puede conocer un Juzgado de lo Penal?

Serán competentes para conocer y fallar sobre las causas por delitos a los que la ley le asigne una pena privativa de libertad de duración no superior a los cinco años, o bien una pena de multa cualquiera que sea su cuantía, o cualesquiera otras de distinta naturaleza, las cuales pueden ser conjuntas, de manera alternativa o bien únicas, con la condición de que la duración de estas no exceda de diez años; por otra parte, también podrán conocer y fallar por delitos leves.

5. **De las siguientes oraciones, indique cuál es verdadera o falsa.**

   a. Un vigilante de seguridad puede detener ante la manifestación de un hecho delictivo y pondrá a disposición de las Fuerzas y Cuerpos de Seguridad el sospechoso, así como de los instrumentos u objetos del delito.

      ☑ **Verdadero**
      ☐ Falso

   b. Un vigilante de seguridad puede detener en calidad de particular, pero con la obligación de realizarlo cuando estuviese prestando servicios de seguridad privada.

      ☑ **Verdadero**
      ☐ Falso

   c. Un vigilante de seguridad puede detener y custodiar al detenido, así como por los riesgos que él pensase, podrá trasladarlo a la comisaría más cercana para ponerlo a disposición de las Fuerzas y Cuerpos de Seguridad.

      ☐ Verdadero
      ☑ **Falso**

6. **Complete la siguiente oración.**

   El vigilante de seguridad podrá mover indicios probatorios solo cuando estos sean un peligro para **terceros** o estén en grave riesgo de desaparecer o de ser **destruidos.**

7. **¿Cuál no es una pauta de actuación del vigilante de seguridad?**

   a. Desarrollará sus funciones con respecto a la Constitución.
   b. **Auxiliará a las Fuerzas y Cuerpos de Seguridad dependiendo del tipo de servicio.**
   c. Tendrá prohibido comunicar a terceros, salvo a las autoridades judiciales y policiales para el ejercicio de sus respectivas funciones, cualquier información que conozca en el desarrollo de sus servicios.
   d. No utilizará determinados medios materiales o técnicos cuando pudieran causar daños o perjuicios a terceros o poner en peligro la seguridad ciudadana.

8. ¿Cuál de las siguientes es un arma de fuego reglamentaria del vigilante de seguridad?

   a. Revólver 38 especial de 4 pulgadas.
   b. Escopeta de repetición de 12/70 de 12 postas.
   c. Fusil de asalto G36.
   d. Todas las opciones son correctas.

9. ¿Qué tipos de detención puede hacer el vigilante de seguridad?

   a. La del ciudadano, la del agente de la autoridad y la del personal de seguridad privada.
   b. La del particular, la del agente de la autoridad y la de la autoridad.
   c. La del agente de la autoridad y la del personal de seguridad privada.
   d. La facultativa para los particulares y la preceptiva para la autoridad y sus agentes.

10. La inderogabilidad de la jurisdiccional de lo penal significa:

   a. Que se puede prorrogar en el tiempo una causa.
   b. No se puede elegir el juzgado o tribunal por las partes.
   c. El Ministerio Fiscal, tras oír al juez o tribunal, dispone a las partes del lugar de la celebración del juicio.
   d. Existen dos juzgados o tribunales que conocen de la causa (uno de instrucción y otro del juicio oral).

Solucionario Capítulo 4

1. Las pautas de actuación ante una detención se definen como:

   a. **Todos aquellos instrumentos y modos necesarios para llevarla a cabo con el menor riesgo del actuante, utilizando los medios proporcionales al escenario encontrado con el agresor, minimizando los daños que pudiera sufrir este con las técnicas a emplear por el actuante, y proceder a realizar una sujeción mecánica mediante el uso de diferentes medios como grilletes o bridas, si así fuese necesario.**
   b. Todos aquellos ataques y defensas que el vigilante de seguridad pueda llevar a cabo con el menor riesgo del actuante.
   c. Solo serán pautas de actuación en una detención cuando así lo dicte la ley.
   d. El número de golpes, ataques y de defensa que se realizan por parte del agente interviniente, a los efectos que el juez pueda dilucidar sobre la gravedad de los hechos y la proporcionalidad utilizada.

2. ¿Cuándo un particular puede detener?

   a. En ningún caso. Solo está reservado para los miembros de las Fuerzas y Cuerpos de Seguridad y los vigilantes de seguridad.
   b. Solo cuando siga las instrucciones de la policía o de los vigilantes de seguridad.
   c. **Al que intentare cometer un delito o al delincuente cogido** *in fraganti.*
   d. Todas las opciones son incorrectas.

3. Señale la opción correcta.

   a. La técnica del desequilibrio consiste en que se le dé una voltereta o se le lance haciendo la zancadilla a la persona detenida, mientras que el interviniente realiza el registro o el cacheo.
   b. La técnica del desequilibrio consiste en que la persona detenida no se apoye en ningún sitio para tenerla controlada, mientras que el interviniente realice el registro o el cacheo cuando así correspondiese, teniendo en contacto un pie suyo con el de la persona detenida, en aras de que en el momento en que esta hiciese un movimiento sospechoso, pueda desestabilizarla.

c. La técnica del desequilibrio consiste en que la persona detenida se apoye en una pared u otro lugar de análogos efectos con los brazos y las piernas abiertas, mientras que el interviniente realiza el registro o el cacheo cuando así correspondiese, y tenga en contacto un pie suyo con el de la persona detenida, en aras de que en el momento en que esta hiciese un movimiento sospechoso, pueda desestabilizarla.

d. La técnica del desequilibrio consiste en que la persona detenida se apoye en la persona que intervenga en la intervención, con los brazos y las piernas abiertas, mientras que el interviniente realiza el registro o el cacheo cuando así correspondiese, y tenga en contacto un pie suyo con el de la persona detenida, en aras de que en el momento en que esta hiciese un movimiento sospechoso, pueda desestabilizarlo.

4. ¿Cómo se realiza un registro y cacheo en el tronco y la espalda?

Con las palmas de las manos y procediendo mediante tacto y tanteo, y no mediante frotamiento o deslizamiento de las manos, se analizará cualquier objeto o irregularidad que sobresalga de la fisionomía de la persona registrada (si llevase prenda holgada, deberá presionarla hasta llegar al cuerpo de la persona), procediendo al registro a través de la técnica de cuadrículas.

5. Indique cuál de las siguientes afirmaciones, de las funciones del vigilante de seguridad, es correcta.

a. Efectuar controles de identidad, de objetos personales, paquetería, mercancías o vehículos, incluido el interior de estos, en el acceso o en el interior de inmuebles o propiedades donde se preste servicio, sin que, en ningún caso, pueda retenerse la documentación personal, pero sí impedir el acceso a dichos inmuebles o propiedades.

b. Efectuar controles de identidad, de objetos personales, paquetería, mercancías o vehículos, incluido el interior de estos, aun sin el consentimiento del titular en caso de conflicto terrorista, en el acceso o en el interior de inmuebles o propiedades donde se preste servicio, sin que, en ningún caso, se pueda retener la documentación personal, pero sí impedir el acceso a dichos inmuebles o propiedades.

c. Efectuar controles de identidad, de objetos personales, paquetería, mercancías o vehículos, incluido el interior de estos, en el acceso o en el interior de inmuebles o propiedades donde se preste servicio, pudiéndose retener la documentación personal e impedir el acceso a dichos inmuebles o propiedades.

d. Efectuar controles de identidad, de objetos personales, paquetería, mercancías o vehículos, incluido el interior de estos, en el acceso o en el interior de inmuebles o propiedades donde se preste servicio, sin que, en ningún caso, se pueda retener la documentación personal, y sin posibilidad de impedir el acceso a dichos inmuebles o propiedades salvo por indicaciones de los miembros de las Fuerzas y Cuerpos de Seguridad.

6. **¿Para qué sirve la técnica kote gaeshi?**

Es una técnica de bloqueo que tiene el fin de reducir, neutralizar o parar la agresión o agresiones que se estuviere sufriendo, luxando la muñeca del agresor y girándola desde su interior.

7. **Complete la siguiente oración.**

El principio de **proporcionalidad,** para el personal de seguridad privada, está basado en la utilización adecuada del medio o la técnica empleada en relación con el tipo de **amenaza** y agresión al bien jurídico protegido.

8. **La defensa reglamentaria del vigilante de seguridad es de...**

a. ... 80 cm de longitud rígida, forrada de cuero.
b. **... 50 cm de longitud semirrígida, forrada de cuero y dotada de empuñadura.**
c. ... 60 cm de longitud semirrígida, forrada de cuero y dotada de empuñadura.
d. Todas las opciones son incorrectas.

9. **De las siguientes oraciones, indique cuál es verdadera o falsa.**

a. De pie, sentado y de lado son tipos de esposamiento.

☐ Verdadero
☒ **Falso**

b. Los lazos son los grilletes asignados al personal de seguridad privada.

☐ Verdadero
☒ **Falso**

c. El principio de congruencia forma parte de los principios de actuación del personal de seguridad.

☑ **Verdadero**
☐ Falso

10. Los grilletes usados por el personal de seguridad privada son los:

a. Grilletes de doble seguridad y del tipo bisagra.
b. **Grilletes de manilla.**
c. Grilletes de bisagra.
d. Lazos de seguridad.

Solucionario 2

Psicología aplicada a la protección de personas y bienes

Solucionario Capítulo 1

1. Relacione las siguientes técnicas de lofoscopia con el elemento de su estudio:

    a. Dactiloscopia
    b. Palatoscopia
    c. Otoscopia
    d. Pelmatoscopia

    d. Planta del pie
    c. Oreja
    b. Paladar
    a. Dedos de la mano

2. ¿De qué manera se puede realizar la descripción?

    a. Escrita y por email.
    b. Verbal y dibujada.
    c. Verbal, escrita y en dibujos o imágenes.
    d. Solo escrita.

3. Determine si la siguiente oración es verdadera o falsa: "La memoria a corto plazo dura solo unos milisegundos".

    ☐ Verdadero
    ☑ **Falso**

4. Relacione estos estímulos externos con sus factores:

    a. Una alarma.
    b. Un coche rosa.
    c. Un hombre de 200 kg.
    d. Luces de ambulancia.

    b. Contraste
    d. Luminosidad
    c. Tamaño
    a. Potencia

5. **Cuando se atribuye una fecha errónea a un recuerdo, ¿de qué tipo de distorsión de la memoria se trata?**

   a. Distorsión mnésica.
   b. **Distorsión temporal.**
   c. Distorsión imaginativa.
   d. Distorsión atribuida.

6. **¿Qué tipo de conducta defensiva del miedo provoca estar totalmente rígido sin capacidad de reaccionar?**

   a. La retirada.
   b. **La inmovilidad insensible.**
   c. La inmovilidad vigilante.
   d. La desviación de ataques.

7. **Determine si la siguiente oración es verdadera o falsa: "La claustrofobia es como se denomina el miedo a los lugares abiertos".**

   ☐ Verdadero
   ☑ **Falso**

8. **La etnometodología se encarga del estudio de...**

   a. ... la clasificación de la delincuencia.
   b. **... el significado de las interacciones.**
   c. ... parte de la psicología criminal.
   d. ... cómo realizar una descripción.

9. **Dentro del entorno físico de las grandes ciudades, ¿cuáles son las circunstancias que proporcionan mayor inseguridad?**

   a. El diseño arquitectónico.
   b. El alumbrado.
   c. El barrio de residencia.
   d. **Las opciones a y b son correctas.**

10. ¿Cuál de estos componentes verbales pertenece a la comunicación no verbal?

    a. Timbre de voz.
    b. La fluidez.
    c. El tiempo de habla.
    d. La expresión facial.

Solucionario Capítulo 2

1. ¿Cuáles de estos agentes es un agente informal del control social?

    a. Policía.
    b. Colegio.
    c. Justicia.
    d. Centro penitenciario.

2. Empareje los siguientes tipos de prevención con el factor que le corresponde:

    a. Prevención social.
    b. Prevención situacional.
    c. Prevención delincuencial.
    d. Prevención victimal.

    d. Campañas de actitudes de seguridad.
    c. Evitación de reincidencia.
    b. Diseño arquitectónico.
    a. Fracaso escolar.

3. ¿A qué tipo de prevención pertenece el establecimiento de sistemas de seguridad?

    a. Prevención social.
    b. Prevención delincuencial.
    c. Prevención situacional.
    d. Prevención victimal.

4. Según una teoría de la sociología, existe un contagio social que transmite los comportamientos delictuales. ¿Cómo se llama esta teoría?

    a. Teoría empírica.
    b. Teoría sociológica.
    c. Teoría delictiva.
    d. Teoría ecológica.

5. ¿Cuál de estos factores de riesgo es un factor familiar?

    a. Baja autoestima.
    b. Ausencia de valores.
    c. Desempleo.
    d. Drogas y alcohol.

6. Determine si la siguiente oración es verdadera o falsa: "La anfetamina es una droga depresora del sistema nervioso central".

    ☐ Verdadero
    ☑ **Falso**

7. Relacione la clase de droga con el efecto que produce:

    a. Cocaína
    b. LSD
    c. Heroína

    <u>**c.**</u> Analgesia
    <u>**a.**</u> Disminución del apetito
    <u>**b.**</u> Distorsión perceptiva

8. ¿Cómo se llama el síndrome entre la toma de la dosis de droga y el síndrome de abstinencia?

    a. Síndrome amotivacional.
    b. Síndrome anómalo.
    c. Síndrome postdosis.
    d. Síndrome emocional.

9. ¿Qué edad suelen tener los miembros de los grupos organizados?

    a. Entre 30 y 45 años.
    b. Entre 20 y 35 años.
    c. Entre 20 y 45 años.
    d. Entre 15 y 40 años.

10. Los delitos más extendidos en España son...

    a. ... el hurto y violencia de género.
    b. ... el robo y el hurto.
    c. ... el asesinato y la estafa.
    d. ... el tráfico de drogas y el robo.

Solucionario Capítulo 3

1. Determine si la siguiente oración es verdadera o falsa: "En las técnicas indirectas no interactivas de la información se obtiene la información a través de los medios de comunicación y no se participa en su obtención".

    ☑ **Verdadero**
    ☐ Falso

2. La contravigilancia se utiliza habitualmente en el ámbito policial para:

    a. Evitar que se obtenga información de los protegidos.
    b. **Obtener información de manera oculta de una persona o lugar.**
    c. Guardar las entradas de las comisarías.
    d. Advertir al posible delincuente de la presencia del equipo de protección.

3. Determine si la siguiente oración es verdadera o falsa: "La realización exhaustiva de los protocolos de actuación de un escolta durante el servicio hará que el agresor desista de realizar la agresión ante la posibilidad de no conseguir el resultado esperado".

    ☑ **Verdadero**
    ☐ Falso

4. Relacione, según corresponda, los siguientes tipos de terrorismo con el uso que se da.

    a. Terrorismo independentista.
    b. Terrorismo religioso.
    c. Terrorismo de Estado.

    c. Mantenimiento del poder de gobierno opresor.
    a. Separación de una etnia o región de un Estado.
    b. Mandato divino o defensa de una fe.

5. Describa de modo simple las dos actuaciones que debería llevar a cabo el equipo de protección en caso de enfrentamiento con un terrorista armado con un cinturón explosivo.

En caso de enfrentamiento, se deberá abatir al agresor y huir inmediatamente del lugar.

6. ¿Cuál de estas opciones no es una de las causas del maltrato en la violencia de género?

   a. La cultura.
   b. El aprendizaje.
   c. El estrés social.
   d. El alcoholismo.

7. Indique la opción correcta en relación a la siguiente afirmación: "Las amenazas en la violencia de género actúan como forma de control, manteniendo el miedo que se materializa en sumisión y obediencia".

   a. Verdadero, porque el maltratador mantiene así a la víctima bajo su influencia.
   b. Falso, porque el maltratador no quiere controlar a la víctima.
   c. Verdadero, pero no se materializa en sumisión.
   d. Falso, no actúan como forma de control.

8. ¿Cuál de estos métodos se utiliza para paralizar el vehículo en un secuestro?

   a. Cortar la vía arrojando algún obstáculo.
   b. Golpear con el vehículo simulando un accidente.
   c. Parar el vehículo del agresor en el arcén simulando una avería.
   d. Las opciones a y b son correctas.

9. Relacione, según corresponda, los siguientes tipos de cierres del vehículo con el número de vehículos que se precisa para realizarlo.

   a. Cierre en paréntesis.
   b. Cierre del tupamaro.
   c. Cierre del novato.

c. Un solo vehículo.
a. Dos vehículos.
b. Tres vehículos

10. ¿Cuál de estos métodos es el que utilizan los grupos terroristas como medio de recaudación de fondos para el mantenimiento de sus estructuras y actividades?

a. El asesinato.
b. Las amenazas.
c. Las coacciones.
d. La extorsión.

Solucionario Capítulo 4

1. La ética es la disciplina relacionada con el estudio de...

    a. ... **la moral y de la conducta humana.**
    b. ... la filosofía de la Grecia clásica.
    c. ... las normas deontológicas.
    d. ... los códigos de conducta.

2. Determine si la siguiente oración es verdadera o falsa: "El personal de seguridad privada podrá ejercer un control moderado sobre opiniones políticas, sindicales o religiosas, o sobre la expresión de tales opiniones".

    ☐ Verdadero
    ☑ **Falso**

3. Relacione correctamente los siguientes principios de actuación con el concepto adecuado.

    a. Dignidad
    b. Integridad
    c. Legalidad
    d. Reserva

    d. Discreción
    c. Respeto al ordenamiento jurídico
    a. No discriminación
    b. Neutralidad

4. ¿Cuál de las expuestas a continuación es una excepción a la siguiente regla general?: "El personal de seguridad privada no podrá comunicar a terceros cualquier información que haya conocido sobre clientes o personas relacionadas con la prestación de sus servicios y en el ejercicio de sus funciones".

    a. La comunicación informal a un compañero de su misma empresa.
    b. La comunicación que se requiera verbalmente por un superior.
    c. La comunicación de información requerida por las autoridades judiciales y por las Fuerzas y Cuerpos de Seguridad.
    d. Por aplicación del principio de reserva profesional, esta regla general no admite ninguna excepción.

5. Relacione los conceptos con las relaciones a las que afectan.

    a. Lealtad.
    b. Trato correcto y amable.
    c. Reserva y discreción.
    d. Respeto a la libertad de información.

    b. Público, en general.
    a. Empresa de seguridad.
    d. Medios de comunicación social.
    c. Personal protegido.

6. Determine si la siguiente oración es verdadera o falsa: "La persona física o jurídica, pública o privada, o el órgano administrativo que decida sobre la finalidad, contenido y uso del tratamiento de datos de carácter personal es el denominado encargado del tratamiento".

    ☐ Verdadero
    ☑ **Falso**

7. En el Reglamento (UE) 2016/67, del Parlamento Europeo y del Consejo, de 27 de abril de 2016, toda manifestación de voluntad libre, específica, informada e inequívoca por la que el interesado acepta, ya sea mediante una declaración...

    a. ... préstamo de datos.
    b. ... consentimiento del interesado.

    c. ... transmisión de datos.

    d. ... transferencia de datos.

8. Determine si la siguiente oración es verdadera o falsa: "El consentimiento del interesado es necesario para la cesión de sus datos de carácter personal pero no para el tratamiento de los mismos".

    ☐ Verdadero

    ☑ **Falso**

9. De acuerdo con la Ley de Seguridad Privada, un servicio de videovigilancia en el ámbito de la seguridad privada es aquel en el que se pueden captar y grabar imágenes y sonidos, mediante...

    a. ... cámaras y videocámaras, fijas y móviles, así como cualquier medio técnico o sistema que permita el mismo tratamiento que aquellas.

    b. ... tan solo cámaras y videocámaras fijas.

    c. ... solo cámaras y videocámaras móviles.

    d. ... medios técnicos que no permitan el tratamiento de las imágenes, por respeto al derecho a la intimidad.

10. Clasifique los siguientes elementos de una empresa, siendo (1) los factores activos, (2) los factores pasivos y (3) los factores organizativos:

a. Medios materiales	(2)
b. Clasificación de los puestos de trabajo	(3)
c. Recursos financieros	(2)
d. Trabajadores	(1)
e. Proveedores	(1)

Solucionario 3

Técnicas y procedimientos profesionales en la protección de personas, instalaciones y bienes

Solucionario Capítulo 1

1. **¿Cuál es la ley que rige la profesión del vigilante de seguridad?**

Ley 5/2014, de 4 de abril, de Seguridad Privada.

2. **Complete la siguiente oración.**

Los controles de acceso afectan a personas, vehículos y **objetos** y pueden existir tanto a la **entrada** como a la **salida,** y también durante la **permanencia** en las instalaciones.

3. **Identifique el objeto que se ve en la siguiente imagen.**

Es un precinto, utilizado en los controles de acceso de vehículos industriales.

4. **¿Cuál de las siguientes acciones no deberá ejecutar un vigilante de seguridad si encuentra un objeto sospechoso de contener un artefacto explosivo?**

    a. **Tocar y manipular el objeto.**
    b. Comprobar si el propietario estuviera en las inmediaciones.
    c. Informar al responsable de seguridad de la existencia y ubicación del mismo.
    d. Proteger la zona.

5. **¿Cuáles son los componentes de un Sistema Integral de Seguridad? Ponga al menos un ejemplo de cada uno.**

   Serían los siguientes:

   ▌ Medios humanos: el vigilante de seguridad.
   ▌ Medios técnicos: circuito cerrado de televisión.
   ▌ Medidas organizativas: protocolo de actuación ante incendios.

6. **Con los datos aportados de TD (Tiempo de Demora) y TR (Tiempo de Respuesta), indique si los siguientes planes integrales de seguridad son eficaces o no.**

   a. TD = 10", TR = 5" **Eficaz**
   b. TD = 5", TR = 10" **Ineficaz**
   c. TD = 10", TR = 10" **Ineficaz**

7. **¿En qué área de seguridad está situado el mástil de la bandera de España?**

(© Fotografía: Matyas Rehak / Shutterstock.com)

Área de influencia.

8. El vigilante de seguridad, en el ejercicio de sus funciones y en relación con los servicios que preste que afecten a la seguridad pública o al ámbito de sus competencias, respecto a las Fuerzas y Cuerpos de Seguridad...

    a. ... tendrá la especial obligación de auxiliar y colaborar.
    b. ... tendrá la obligación de colaborar.
    c. ... no tendrá que colaborar pero sí auxiliar.
    d. ... no tendrá que colaborar ni auxiliar.

9. Diferencie entre accidente de trabajo y enfermedad profesional.

Un accidente de trabajo es una lesión corporal sufrida con ocasión o por consecuencia del trabajo que ejecute por cuenta ajena y una enfermedad profesional es aquella enfermedad contraída a consecuencia del trabajo ejecutado por cuenta ajena.

10. Determine si la siguiente afirmación es verdadera o falsa: "En lo referente a la prevención de riesgos laborales las obligaciones son todas de los empresarios, y los derechos de los trabajadores".

    ☐ Verdadero
    ☑ **Falso**

Solucionario Capítulo 2

1. **¿Cuándo se debe realizar la Protección de fondos y objetos valiosos según la Ley 5/2014 de 4 de abril, de Seguridad Privada, en su artículo 44?**

   Cuando los objetos en cuestión alcancen las cuantías que reglamentariamente se establezcan, así como cuando las autoridades competentes lo determinen en atención a los antecedentes y circunstancias relacionadas con dichos objetos.

2. **Determine si la siguiente oración es verdadera o falsa: "Los servicios de vigilancia y protección del almacenamiento, recuento, clasificación y transporte de dinero, valores y objetos valiosos se realizan con armas".**

   ☑ **Verdadero**
   ☐ Falso

3. **¿Cuál es la misión del vigilante conductor de los vehículos blindados?**

   a. Conducir el vehículo y acompañar al vigilante portador para ayudarle y protegerle.
   b. **Conducir y mantenerse en todo momento en el vehículo.**
   c. Conducir y ayudar a transportar la mercancía valiosa.
   d. Todas las opciones son correctas.

4. **Nombre al menos dos motivos por los que una empresa de seguridad pueda premiar a un trabajador.**

   Acto heroico, acto meritorio o espíritu de servicio.

5. **¿Cuáles son las distintas fases del transporte de mercancías valiosas en el orden correcto?**

   1. Fase de aproximación
   2. Fase de llegada
   3. Fase de entrega

6. **Complete la siguiente oración.**

Los vehículos blindados de transporte de fondos tienen que disponer de **tres** compartimentos: el compartimento **delantero**, en el que se sitúa el vigilante **conductor**, el compartimento central, en el que se situarán el vigilante **porteador** y el vigilante protector y el compartimento **trasero**, dividido en zona de reparto y zona de recogida.

7. **La maniobra en Y, la vuelta corta y la vuelta californiana, ¿son técnicas de conducción ofensivas o defensivas?**

Defensivas

8. **En las técnicas de conducción ofensivas el vehículo que es víctima del ataque se convierte en:**

   a. Un obstáculo
   b. Un objetivo
   c. **Un arma**
   d. Las opciones a y b son correctas.

9. **¿Cuáles de las siguientes son armas reglamentarias de los vigilantes de seguridad, en los servicios que hayan de prestarse con armas?**

   a. Revolver calibre 38 especial de cuatro pulgadas.
   b. Escopeta de repetición del calibre 12/70, con cartuchos de 12 postas.
   c. Pistola 9 mm parabellum.
   d. **Las opciones a y b son correctas.**

10. **¿Cuáles de las siguientes son características comunes de los robos en centros de depósitos y asalto a vehículos de transporte de fondos?**

    Improvisación - **gran violencia - ensayos cronometrados previos** - poca violencia - **obtención previa de información - estudio pormenorizado de los itinerarios - uso del factor sorpresa** - ausencia de armamento - **presencia de armamento pesado** - huida no estudiada.

Solucionario Capítulo 3

1. ¿Cuál de los siguientes no es requisito para la autorización de servicios de seguridad privada en polígonos industriales y urbanizaciones según el artículo 80.2 del Reglamento de Seguridad Privada?

    a. Estar completamente delimitados y separados de núcleos urbanos.
    b. Disponer de armero.
    c. Poder tomar decisiones comunes por medio de una administración específica y global.
    d. Todas las opciones son correctas.

2. Las Fuerzas y Cuerpos de Seguridad podrán desalojar a okupas (personas que hacen ocupación ilegítima de inmuebles con la intención de habitarlos) sin necesidad de orden judicial cuando se pueda comprobar que no han realizado vida en el interior y han transcurrido menos de:

    a. 12 h desde la ocupación.
    b. 24 h desde la ocupación.
    c. 48 h desde la ocupación.
    d. En ningún caso.

3. Los vigilantes de seguridad podrán desalojar a "okupas" (personas que hacen ocupación ilegítima de inmuebles con la intención de habitarlos) sin necesidad de orden judicial cuando se pueda comprobar que no han realizado "vida" en el interior y han transcurrido menos de:

    a. En los primeros 30 min.
    b. En las primeras 24 h.
    c. En la primera semana.
    d. En ningún caso.

4. Determine si la siguiente oración es verdadera o falsa: "Las rondas de control son aquellas rondas de vigilancia en la que los vigilantes de seguridad tienen que realizar durante el itinerario una serie de picadas de control en puntos predefinidos".

    ☑ **Verdadero**
    ☐ Falso

5. Según la Ley 5/2014 de Seguridad Privada, el vigilante de seguridad de seguridad podrá efectuar controles de identidad en el acceso o en el interior de inmuebles o propiedades donde presten servicio de:

    a. Objetos personales.
    b. Paquetería.
    c. Mercancías o vehículos, incluido el interior de estos.
    d. Todas las opciones son correctas.

6. Identifique qué tipo de fuego sería si el combustible es:

    a. Gas butano. **Clase C**
    b. Aceite. **Clase B**
    c. Palés de madera. **Clase A**
    d. Litio. **Clase D**

7. Determine si la siguiente oración es verdadera o falsa: "Los sistemas de extinción por agua pulverizada se basan en la eliminación del componente calorífico, extinguen el fuego por el enfriamiento causado por el agua".

    ☑ **Verdadero**
    ☐ Falso

8. ¿Cómo se denomina a las instalaciones de sistemas de agua pulverizada en el que los rociadores actúan también como detector y en el que solo se activan los que se ven afectados?

Splinkler

9. Complete la siguiente oración.

La **lofocopia** es el conjunto de técnicas que estudia los relieves de la epidermis, siendo su técnica más común la **dactilocopia.**

10. Para la descripción de hechos, ¿cuál de estas preguntas no responde al relato aportado?

     a. ¿Qué?
     b. ¿Dónde?
     c. ¿Cuándo?
     d. ¿Por qué?

Solucionario Capítulo 4

1. **Complete la siguiente oración.**

Un sistema de información es fiable, es decir, seguro, cuando cumple los principios fundamentales de la **seguridad** de la información: **confidencialidad**, **integridad** y **disponibilidad**.

2. **Determine si la siguiente oración es verdadera o falsa: "Los términos seguridad de la información y ciberseguridad tienen el mismo significado".**

☐ Verdadero
☑ **Falso**

3. **¿Qué información debe aparecer en el parte diario o informe de un servicio? Nombre al menos cuatro datos que deban aparecer.**

❚ Fecha.
❚ Turno de trabajo (horario).
❚ Nombre y apellidos del vigilante de seguridad o en su defecto el número de TIP (Tarjeta de Identificación Profesional).
❚ Nombre de la empresa cliente.
❚ Centro de la empresa en la que presta el servicio.
❚ Área de anotaciones._

4. **Señale si la siguiente afirmación es verdadera o falsa. Justifique su respuesta.**

a. El parte de incidencias se rellena a diario.

☐ Verdadero
☑ **Falso**

Se rellena solo cuando acurran incidencias, una vez finalizada y tomadas las medidas oportunas.

5. **¿Se pueden realizar y hacer efectivas denuncias por internet? Justifique su respuesta.**

Sí se pueden realizar, pero estas no serán efectivas hasta que el denunciante se persone en la comisaría que haya designado y la firme.

6. **¿Cuándo debe comprobar el vigilante de seguridad el estado de los equipos de comunicación de los que se hace cargo?**

    a. Una vez a la semana
    b. **Cuando inicie el servicio**
    c. Una vez al mes
    d. Cuando se lo indique su superior

7. **De las siguientes informaciones reflejadas en un parte diario de servicio cuál es conocimiento, cuál es información y cuál es el dato.**

    a. Ha pasado por la linde de las instalaciones una furgoneta blanca modelo Vito con matrícula 9999-XXX. **Dato**
    b. Se han detenido en la parte en la que está el depósito de gasoil y han estado observando y fotografiando. Por lo que es posible que estén tramando su robo. **Información**
    c. En otra ocasión, se recibe una visita parecida y en la semana siguiente hubo una intrusión nocturna, procedieron cortando la alambrada, es conveniente intensificar la vigilancia en ese sector, la revisión de la valla y las rodadas por el perímetro. **Conocimiento**

8. **Determine si la siguiente oración es verdadera o falsa: "Si una red no dispone de las medidas de seguridad suficientes pueden producirse intrusiones. A causa de una intrusión el propietario de la red puede tener responsabilidad ante las acciones delictivas del intruso".**

    ☑ **Verdadero**
    ☐ Falso

9. **Tiene que realizar un escrito de denuncia, ¿qué tipo de aplicación utilizaría?**

    a. **Un procesador de texto**
    b. Un gestor de hojas de cálculo
    c. Un gestor de bases de datos
    d. Un sistema operativo

10. **Si tuviese que realizar un cuadrante, ¿qué tipo de aplicación utilizaría?**

    a. Un procesador de texto
    b. **Un gestor de hojas de cálculo**
    c. Un gestor de bases de datos
    d. Un sistema operativo

Solucionario Capítulo 5

1. ¿Cuál de los siguientes es el número único de asistencia a la ciudadanía ante cualquier tipo de emergencia?

    a. 061
    b. 062
    c. 112
    d. 550

2. ¿Cuál es el significado de RCP?

Reanimación cardiopulmonar

3. Los desfibriladores portátiles se conocen por sus siglas y así están señalizados, ¿cuáles son estas siglas y que significan?

DESA, desfibrilador externo semiautomático.

4. ¿Qué se debe realizar en cada ciclo de RCP?

    a. 3 insuflaciones y 30 compresiones torácicas (3/30)
    b. 30 compresiones torácicas y 2 insuflaciones (30/2)
    c. 2 compresiones torácicas y 30 insuflaciones (2/30)
    d. 2 compresiones torácicas y 15 insuflaciones (2/15)

5. ¿En cuáles de los tres pasos en la actuación con DESA no puede haber ninguna persona tocando a la víctima?

    a. Encendido
    b. Análisis del ritmo cardiaco
    c. Descarga o choque
    d. Las opciones b y c son correctas.

6. **Determine si la siguiente oración es verdadera o falsa: "Al realizar la respiración artificial a un niño, el método más adecuado es el boca a boca nariz".**

      ☑ **Verdadero**
      ☐ Falso

7. **¿Cuál es la postura Trendelemburg? ¿Qué se pretende con ella?**

Decúbito supino con la cabeza más baja que los pies. Facilitar el retorno sanguíneo.

8. **¿A qué personas no es recomendable realizar al maniobra de Heimlich? ¿Por qué?**

A embarazadas, porque se puede dañar el feto.

9. **¿Es posible realizar la maniobra de Heimlich a una persona inconsciente? ¿En qué postura?**

Sí, tendida en el suelo decúbito supino.

Medios de protección y armamento

Solucionario Capítulo 1

1. Determine si la siguiente oración es verdadera o falsa: "Los servicios de verificación personal y respuesta de alarmas pueden ser realizados por operadores de seguridad".

      ☐ Verdadero
      ☑ **Falso**

2. Los sistemas de alarma deben someterse a revisiones periódicas. Según el Reglamento de Seguridad Privada, las revisiones preventivas se harán, como mínimo:

      a. Cada trimestre, pudiendo transcurrir más de cuatro meses entre revisiones sucesivas.
      b. Cada seis meses, durante tres años.
      c. **Cada trimestre sin que puedan transcurrir más de cuatro meses entre revisiones sucesivas.**
      d. Cada semestre sin que puedan transcurrir más de tres meses entre revisiones sucesivas.

3. En las frases siguientes, referidas a los centros de control de la central de alarmas, complételas utilizando alguno de estos términos: circundante, blindaje, conmutado, resistencia, interfonos, apertura o captación.

      a. Deberán tener un acristalamiento con **blindaje** antibalas de resistencia BR4, según lo establecido en la Norma UNE-EN 1063.
      b. Si tuviesen muros o paredes medianeras con edificios o locales ajenos a la empresa, deberá construirse un muro interior **circundante** con materiales de alta resistencia.
      c. Contarán con un sistema de **interfonos** en el control de accesos.
      d. Tendrán una doble puerta blindada de acceso, con un sistema **conmutado** tipo esclusa y un dispositivo de apertura a distancia.

4. **Clasifique los sistemas de control y alarmas utilizados en estos lugares en función de los riesgos cubiertos, siendo (1) los de bajo riesgo; (2) los de riesgo bajo a medio; (3) los de riesgo medio/alto; y (4) los de alto riesgo:**

<u>**2.**</u> Vivienda unifamiliar en urbanización abierta.

<u>**4.**</u> Planta potabilizadora.

<u>**1.**</u> Inmueble con señalización acústica sin conexión a central.

<u>**3.**</u> Estación de servicio en carretera.

5. **Complete las siguientes oraciones.**

a. Una alarma real es la causada por hechos que pueden dar lugar a una intervención de las **Fuerzas y Cuerpos de Seguridad.**

b. Una alarma falsa es una alarma que no ha sido **confirmada,** según los procedimientos establecidos en la normativa vigente.

c. La transmisión de una alarma falsa de modo reiterado dentro del plazo de **sesenta** días dará lugar a la formulación de una denuncia para la imposición de una sanción.

d. Un dispositivo de seguridad que está conectado a una central y tiene por finalidad facilitar el cumplimiento de penas o medidas de seguridad tiene la consideración de alarma **móvil.**

6. **La custodia de llaves es un servicio _____ que pueden contratar las empresas explotadoras de centrales de alarmas con los titulares de los recintos e inmuebles protegidos con sistemas conectados a su central.**

a. **complementario**

b. principal

c. exclusivo

d. exhaustivo

7. Si un titular ha contratado el servicio de acuda, en caso de alarma, la central comunicará al servicio policial...

   a. ... el tiempo de llegada estimado y los datos para contactar con el titular de la instalación o inmueble.
   b. ... a qué hora exacta salió de la central el vigilante de seguridad que va a comprobar la alarma.
   c. ... si el cliente está al corriente en el pago de las mensualidades del contrato.
   d. ... si la señal proviene de una alarma fija o de una alarma móvil.

8. ¿Cuál es la Ley de Seguridad Privada vigente?

   a. **Ley 5/2014, de 4 de abril.**
   b. Ley 23/1992, de 30 de julio.
   c. Ley 21/1992, de 16 de julio.
   d. Ley Orgánica 2/1986, de 13 de marzo.

9. ¿Cuál de estas circunstancias se ha de producir dentro del procedimiento técnico de verificación secuencial?

   a. Que el sistema almacene, al menos, diez segundos de grabación de sonido de modo inmediatamente anterior a la activación de la alarma.
   b. Que se visualice la alarma por el operador de la central y el sistema registre, en el plazo de cinco segundos, una imagen del momento exacto de la alarma y dos imágenes posteriores.
   c. **Que se activen de modo sucesivo tres o más señales que procedan, cada una de ellas, de elementos de detección diferentes y dentro de un espacio máximo de tiempo de treinta minutos.**
   d. Que se activen de modo sucesivo cuatro señales que procedan, cada una de ellas, de elementos de detección diferentes y dentro de un espacio máximo de tiempo de cuarenta minutos.

10. **Determine si las siguientes oraciones son verdaderas o falsas en relación con las situaciones en las que un vigilante de seguridad puede proceder legalmente a la detención de una persona:**

    a. Cuando la persona se niegue a identificarse con DNI en un control de acceso a un edificio público.

        ☐ Verdadero
        ☑ **Falso**

    b. Cuando, en el lugar de prestación de servicios del vigilante de seguridad, una persona intente agredir a otras personas.

        ☑ **Verdadero**
        ☐ Falso

    c. Cuando la persona se encuentre dentro una zona de acceso restringido o prohibido.

        ☑ **Verdadero**
        ☐ Falso

    d. Por su propia decisión, en presencia de cualquier sospechoso, cuando el vigilante de seguridad esté auxiliando durante su servicio a las Fuerzas y Cuerpos de Seguridad.

        ☐ Verdadero
        ☑ **Falso**

Solucionario Capítulo 2

1. Determine si la siguiente oración es verdadera o falsa: "En el ámbito de la seguridad privada, los elementos pasivos de protección integran la llamada seguridad física".

    ☑ **Verdadero**
    ☐ Falso

2. Indique si los siguientes elementos se incluyen entre los medios activos (A) o pasivos (P) de protección:

    a. Muro. **(P)**
    b. Detector o sensor de movimiento. **(A)**
    c. CCTV. **(A)**
    d. Concertina. **(P)**

3. Las puertas que integran un sistema de control de acceso a un edificio mediante esclusas...

    a. ... se abren siempre simultáneamente.
    b. ... nunca de abren simultáneamente.
    c. **... no se abren simultáneamente, salvo en casos de emergencia.**
    d. ... se abren simultáneamente cuando el usuario pulsa el botón correspondiente.

4. ¿Cuál de los siguientes elementos es un componente de un circuito cerrado de televisión?

    a. **Vídeo.**
    b. **Cámara inalámbrica.**
    c. Señalizador acústico.
    d. **Cable coaxial.**
    e. **Mando remoto.**
    f. Barrera de Infrarrojos.

5. **¿Cómo se denomina cada uno de estos tipos de áreas o círculos de protección de edificios?**

   a. La zona exterior que circunda el edificio a proteger es el área: **perimetral**.
   b. La zona situada entre el límite interior del área perimetral y la parte exterior de la edificación es el área: **periférica**.
   c. La zona interior de la edificación donde se encuentran las personas o bienes a proteger es el área: **restringida**.

6. **Ordene cronológicamente las siguientes fases del procedimiento de control de accesos: registro y acceso, salida, autorización, identificación.**

   1. Identificación.
   2. Autorización.
   3. Registro y acceso.
   4. Salida.

7. **Busque los términos que definen los cuatro mecanismos de extinción de incendios:**

A	A	R	V	T	N	D	U	I	M	J	O
G	B	C	O	Q	Z	J	T	L	S	T	X
S	C	X	W	F	I	L	K	O	N	F	B
L	U	J	B	G	K	F	J	E	R	T	I
D	N	O	I	C	U	L	I	D	W	M	R
B	I	Y	U	W	H	M	L	A	E	U	T
Y	Z	Z	F	W	A	Y	H	Y	R	K	B
L	I	N	H	I	B	I	C	I	O	N	A
M	D	G	R	T	O	C	J	S	Z	E	I
S	O	F	O	C	A	C	I	O	N	A	T
M	N	U	J	P	Z	A	E	T	W	T	A
E	D	F	S	Ñ	E	I	P	N	T	B	I

8. ¿Cuál de los siguientes términos identifica a un elemento componente de un extintor (EXT) o de una boca de incendio equipada (BIE), o de ambos (AMB)?

    a. Manguera. (AMB)
    b. Maneta de accionamiento. (EXT)
    c. Manómetro. (BIE)
    d. Válvula. (BIE)
    e. Pasador de seguridad. (EXT)
    f. Racor. (BIE)
    g. Boquilla. (EXT)
    h. Lanza. (BIE)

9. Determine si la siguiente oración es verdadera o falsa: "El modo de proyección del agua sobre el fuego que se forma cuando se abre la boquilla de la manguera es el llamado cono de ataque".

    ☐ Verdadero
    ☒ **Falso**

10. Ordene cronológicamente las siguientes fases del procedimiento a seguir para la extinción de un fuego:

    <u>1.</u> Averiguar el tipo de combustible que originó el incendio.
    <u>4.</u> Quitar el precinto de seguridad.
    <u>3.</u> Revisar el manómetro.
    <u>5.</u> Si fuera necesario, presurizar.
    <u>7.</u> Aplicar el agente extintor siempre a la base de las llamas.
    <u>6.</u> Realizar un disparo de prueba antes de acercarse al fuego.
    <u>2.</u> Elegir el tipo de extintor más adecuado a las circunstancias.

Solucionario Capítulo 3

1. Determine si la siguiente oración es verdadera o falsa: "En el ámbito de la seguridad privada, un detector es un instrumento o aparato que sirve para examinar un determinado cuerpo u objeto con el fin de advertir la presencia de elementos o sustancias que puedan suponer un riesgo para las personas o bienes protegidos".

      ☑ **Verdadero**
      ☐ Falso

2. Para evitar falsas alarmas, y siempre de forma adecuada con el nivel de seguridad determinado en cada caso, en un detector de metales deberá ajustarse convenientemente su...

      a. ... calidad.
      b. **... sensibilidad.**
      c. ... versatilidad.
      d. ... sensitividad.

3. ¿Para la revisión de qué suelen ser utilizados los aparatos detectores de explosivos?

      a. Tabletas
      b. **Cartas**
      c. **Personas**
      d. **Maletas**
      e. **Camiones**
      f. Ordenadores portátiles

4. Complete el siguiente texto utilizando, donde proceda, los siguientes términos: privada, radiactiva, especialización, emergencia, protección, ionizantes.

Cualquier persona que, aun no necesitando licencia para ello, trabaje en una instalación **radiactiva,** por tanto, también el personal de seguridad **privada,** está obligada a conocer y cumplir las normas de **protección** contra las radiaciones **ionizantes,** así como a actuar en caso de **emergencia.** Por ello, el titular de la instalación deberá definir los conocimientos y la **especialización** que sean precisos para su manejo.

5. En el control de acceso a la zona restringida de un aeropuerto, los detectores de metales portátiles se usarán solo como método de control...

    a. ... **complementario.**
    b. ... principal.
    c. ... subsidiario.
    d. ... alternativo.

6. ¿Cuáles de los siguientes elementos pueden ser considerados como sospechosos en la inspección ocular previa a realizar en el procedimiento de inspección de paquetería y correspondencia?

    a. **Direcciones tachadas.**
    b. **Peso excesivo para el tipo de envío.**
    c. **Manchas de grasa.**
    d. Sobre de color distinto al blanco.
    e. Direcciones escritas a mano.
    f. **Olor extraño.**

7. Un moderno equipo de escáner requerirá al operador la introducción de una clave o contraseña dentro de la fase de:

    a. **Procedimiento de arranque.**
    b. Encendido.
    c. Funcionamiento.
    d. Aleatoriamente, en cualquiera de las anteriores.

8. Ordene las fases del recorrido que incluirá una inspección personal en el área de revisión.

    2. Hombros y brazos.
    6. Muslos y piernas.
    3. Pecho.
    7. Pies.
    1. Pelo y cuello.
    4. Espacio debajo de los brazos y espalda.
    5. Cintura.

9. **Identifique cuál es el contenido necesario de cada uno de los cuatro documentos de los que se compone todo Plan de Emergencia.**

> a. Documento 1
> b. Documento 2
> c. Documento 3
> d. Documento 4

> **c.** Plan de Emergencia
> **d.** Implantación
> **a.** Evaluación del riesgo
> **b.** Medios de protección

10. **¿Qué equipos de emergencia se identifican con las siguientes siglas en un Plan de Emergencia?**

> a. EAE **Equipo de Alarma y Evacuación**
> b. EPA **Equipo de Primeros Auxilios**
> c. EPI **Equipo de Primera Intervención**
> d. ESI **Equipo de Segunda Intervención**
> e. JI **Jefe de Intervención**
> f. JE **Jefe de Emergencia**

Solucionario Capítulo 4

1. Determine si la siguiente oración es verdadera o falsa: "Un arma de repetición es el arma de fuego que se recarga después de cada disparo, por el tirador, accionando un mecanismo manual".

☑ **Verdadero**
□ Falso

2. Según el Reglamento de Armas, ¿en qué categoría se encuentran las armas de fuego largas para vigilancia y guardería?

a. 1.ª
b. 5.ª 2
c. 4.ª 1
d. 2.ª 1

3. Relacione los siguientes elementos de la escopeta con sus correspondientes mecanismos.

a. Tubo depósito
b. Cerrojo
c. Serpentín
d. Uña extractora.

b. Mecanismo de cierre
a. Mecanismo de alimentación
d. Mecanismo de extracción
c. Mecanismo de disparo

4. Para iniciar la ignición del cartucho el sistema _____ tiene el fulminante incluido en la vaina y es activado a través de una varilla que sobresale de la vaina.

a. Lefaucheux
b. Central
c. Flobert
d. Caruso

5. Determine si la siguiente oración es verdadera o falsa: "La tapa opérculo cierra el contenido de la vaina de los cartuchos metálicos".

    ☐ Verdadero
    ☑ **Falso**

6. El disparo a bocajarro es el realizado a una distancia...

    a. ... menor al alcance de la llama.
    b. ... superior al alcance de los elementos que integran el tatuaje.
    c. ... donde el arma está en contacto con la piel.
    d. ... superior al alcance de la llama.

7. Explique qué es el anillo de Fisch.

El anillo de Fisch se produce alrededor del orificio de entrada en un impacto de bala. Es la unión del collarete erosivo que se origina por la contusión y erosión del proyectil y el collarete de limpiado, que está constituido por la suciedad que arrastra el proyectil a su paso por el arma y se deposita sobre el collarete erosivo.

8. **Busque en la siguiente sopa de letras las seis posiciones más habituales para los ejercicios de tiro en el arma corta y larga:**

W	T	M	U	T	V	G	E
E	N	U	X	R	I	S	A
A	A	L	O	U	E	G	U
V	G	X	B	L	F	U	T
E	N	C	R	H	P	A	C
R	E	I	O	T	C	R	A
J	V	T	C	A	T	D	R
E	E	L	A	D	I	I	F
A	R	O	D	A	Z	A	C
H	P	S	E	G	R	B	E
V	X	N	R	B	D	A	P
E	Y	Ñ	A	D	A	J	T
S	S	L	I	A	S	A	N
A	H	C	U	O	R	C	A
E	A	N	I	U	G	S	E

9. **Relacione los siguientes tipos de seguros, si son los seguros del revólver o los seguros de escopeta.**

    a. Seguro manual
    b. Seguro por interposición de masas
    c. Seguro automático
    d. Seguro de acerrojamiento incompleto

    b, d. Revólver
    a, c. Escopeta

10. ¿Cuál es el tiro donde no se utilizan los elementos de puntería?

    a. *Match*
    b. Precisión
    c. *Standard*
    d. Instintivo

Solucionario Capítulo 5

1. Determine si la siguiente oración es verdadera o falsa: "La condición física de una persona es el estado que resume la capacidad de rendimiento integral, psicofísico, de un sujeto en un momento determinado".

    ☑ **Verdadero**
    ☐ Falso

2. El principio de planificación en el entrenamiento hace referencia a:

    a. El volumen y la intensidad con que se entrena.
    b. **La organización de la carga de esfuerzo en un tiempo y un periodo concreto.**
    c. Al ajuste del entrenamiento a las necesidades y objetivos específicos previstos.
    d. Al diseño del modo en que se practica un concreto ejercicio.

3. Relacione los siguientes principios del ejercicio físico con la expresión correcta.

    a. Unidad funcional.
    b. Adaptación.
    c. Progresividad.
    d. Individualidad.

    b. Considerar los límites de cada sujeto.
    a. El cuerpo humano es un todo.
    d. Cada persona es única.
    c. El esfuerzo debe ajustarse en cada sesión.

4. El ATP (ácido adenosintrifosfórico) es un compuesto químico que está presente en las células del sistema _____ dispuesto para ser usado en la producción de la energía necesaria para crear movimiento.

    a. **Muscular**
    b. Osteoarticular
    c. Circulatorio
    d. Nervioso

5. Determine si la siguiente oración es verdadera o falsa: "Los conceptos de resistencia aeróbica u orgánica se refieren a la capacidad de desarrollar un esfuerzo de intensidad baja o media durante un tiempo prolongado".

    ☑ **Verdadero**
    ☐ Falso

6. Uno de los métodos de entrenamiento de la fuerza es el...

    a. ... método de cargas máximas.
    b. ... método de cargas submáximas o de *Body Building*.
    c. ... método isocinético.
    d. **Todas las opciones son correctas.**

7. Explique la realización del ejercicio denominado "estocada".

Es el ejercicio de piernas que se practica desde la posición de pie, con las piernas ligeramente separadas, dando un paso adelante con una pierna y doblando la rodilla anterior hacia el suelo, sin tocarlo.

8. Busque siete lesiones, tanto articulares como musculares, en la siguiente sopa de letras.

A	T	M	U	T	V	L	A
Z	I	O	S	Q	W	A	R
V	R	L	O	D	E	Z	U
L	O	R	B	R	F	A	T
O	N	R	R	E	P	R	C
A	L	I	E	T	C	U	A
J	I	T	C	Z	T	T	R
E	E	L	A	A	I	C	F
T	A	O	R	L	V	A	X
D	E	S	G	A	R	R	O
V	X	N	A	M	D	T	P
I	D	Z	I	R	A	N	T
L	U	X	A	C	I	O	N
A	T	I	A	E	R	C	A
E	C	N	I	U	G	S	E

9. Relacione los siguientes tipos de ejercicios si son ejercicios de espalda o ejercicios de piernas.

   a. Sentadilla.
   b. Dominadas.
   c. Peso muerto.
   d. Prensa.

   b, c. Ejercicios de espalda
   a, d. Ejercicio de piernas

10. Un tirón muscular es...

     a. ... una lesión progresiva que requiere reposo para su curación.
     b. ... una lesión instantánea que requiere reposo para su curación.
     c. ... una lesión progresiva que no requiere tratamiento alguno.
     d. ... una lesión por acumulación que requiere reposo para su curación.

Vigilancia, transporte y distribución de objetos valiosos o peligrosos y explosivos

Solucionario Capítulo 1

1. Señale si la siguiente afirmación es verdadera o falsa: "El Reglamento de Explosivos, en su artículo 87, dispone que las fábricas de explosivos deberán contar con un sistema de alarma eficaz en conexión con la unidad de la Guardia Civil".

    ☑ **Verdadero**
    ☐ Falso

2. ¿Qué se requerirá a las personas ajenas a la fábrica de explosivos para su acceso?

    a. El documento nacional de identidad.
    b. Un permiso escrito de la dirección de la fábrica.
    c. Firmar en un libro de visitas.
    d. Todas las opciones son correctas.

3. Relacione los siguientes elementos con las diferentes distancias:

    a. Entre dos polvorines auxiliares de explosivos.
    b. Entre un polvorín auxiliar de explosivos y otro de detonadores.
    c. Entre un polvorín auxiliar y núcleos urbanos.
    d. Entre un polvorín auxiliar y vías de comunicación.

    b. 1,5 m
    a. 8 m
    d. 100 m
    c. 125 m

4. Dentro de las fábricas de explosivos se denomina _____ al área de terreno en la que se encuentran situados edificios peligrosos, entre los que puede existir edificios no peligrosos.

    a. área limitada
    b. zona peligrosa
    c. edificios peligrosos
    d. terreno restringido

5. Señale si la siguiente afirmación es verdadera o falsa: "En los talleres de carga de cartuchería no se puede acceder a los depósitos desde las oficinas".

    ☑ **Verdadero**
    ☐ Falso

6. En una fábrica de explosivos podrá sustituirse la vigilancia humana por una seguridad física cuando...

    a. ... no esté el director de la fábrica.
    b. ... no esté en horario de producción.
    c. **... tenga la consideración de depósito a efectos de seguridad.**
    d. ... se encuentre en horario nocturno.

7. ¿Qué se entiende por polvorín?

Local acondicionado para el almacenamiento de explosivos, cartuchería o artificios pirotécnicos dentro del recinto de un depósito.

8. ¿Quién custodia las llaves de los depósitos de explosivos y sus polvorines?

    a. El director del depósito en una caja fuerte habilitada para ello.
    b. **Intervención de Armas y Explosivos o en su caso la empresa de seguridad.**
    c. Una empresa externa.
    d. No hay custodia de llaves de los depósitos.

9. Clasifique los siguientes requisitos para obtener la habilitación de vigilante de seguridad de explosivos, siendo (1) requisito general y (2) requisito específico.

    a. Ser mayor de edad.   **(1)**
    b. Tener la habilitación de vigilante de seguridad.   **(2)**
    c. Carecer de antecedentes penales.   **(1)**
    d. No haber sido separado de las Fuerzas y Cuerpos de Seguridad.   **(1)**

10. ¿Cuándo se contará con una empresa de seguridad si el transporte de cartuchería metálica se realiza por medios marítimos o aéreos?

    a. Siempre.
    b. Cuando la cantidad supera los 5.000 cartuchos.
    c. Cuando la cantidad supera los 10.000 cartuchos.
    d. Por medios aéreos siempre, marítimos cuando supera los 2.500 cartuchos.

Solucionario Capítulo 2

1. Determine si la siguiente oración es verdadera o falsa: "En el ámbito de la seguridad privada, los elementos activos de protección integran la llamada 'seguridad física'".

    ☐ Verdadero
    ☑ **Falso**

2. Clasifique los siguientes elementos de protección siendo (A) los activos y (P) los pasivos:

    a. Detector o sensor de movimiento   **(A)**
    b. Muro   **(P)**
    c. Concertina   **(P)**
    d. CCTV   **(A)**

3. Las puertas acorazadas son aquellas que...

    a. ... están fabricadas en acero solo en la hoja.
    b. ... están fabricadas en acero solo en el cerco.
    c. ... están fabricadas en acero tanto en la hoja como en el cerco.
    d. ... se consideran como un elemento estructural de la edificación.

4. Complete la definición propuesta utilizando, donde proceda, los siguientes términos: dispositivos, gráficas, señal, luminosas, interior, acústicas y exterior.

Los detectores son **dispositivos** electrónicos que pueden instalarse en el **interior** y/o **exterior** de un recinto o inmueble y que, al darse la situación de alarma, transmiten una **señal** al equipo de seguridad, lo que activará determinadas respuestas que pueden ser **acústicas,** como las sirenas, **gráficas** mediante la grabación y transmisión de imágenes a través de una videocámara, o **luminosas,** tales como un foco.

5. Los detectores que desencadenan una señal de alarma al percibir un movimiento se denominan:

    a. Detectores por rotura
    b. Detectores por presión
    c. Detectores volumétricos
    d. Detectores móviles

6. ¿Cuál de los siguientes elementos es un componente de un circuito cerrado de televisión?

    a. Cámara inalámbrica
    b. Vídeo
    c. Cable coaxial
    d. Barrera de infrarrojos
    e. Señalizador acústico
    f. Mando remoto

7. El control de accesos en el que se utilizan equipos electrónicos para apoyar la labor del personal encargado del mismo es un control...

    a. ... manual.
    b. ... personal.
    c. ... automático.
    d. ... semimanual.

8. Encuentre las etapas básicas que integran el procedimiento de actuación en un control de accesos en la siguiente sopa de letras:

A	V	P	C	K	S	F	E	I	J	S	J	Ñ	I
Z	E	F	L	X	U	B	B	I	Z	E	J	D	H
C	K	A	E	I	L	H	G	L	D	Y	E	I	A
L	K	P	H	B	S	D	J	U	G	N	S	A	P
J	O	H	B	R	E	G	I	S	T	R	O	S	C
E	Ñ	S	F	G	E	A	D	I	L	A	S	K	X
C	U	G	E	A	B	R	F	U	V	Z	A	Ñ	E
Z	M	Ñ	H	C	A	I	H	L	C	D	E	P	Y
U	B	S	X	D	C	E	K	A	V	Y	J	V	A
S	J	F	M	A	E	A	I	D	H	K	H	V	I
N	O	I	C	A	Z	I	R	O	T	U	A	J	G
U	L	I	P	K	I	F	E	P	U	L	F	S	A
J	O	P	S	D	Z	Ñ	B	V	B	U	E	X	V
N	E	M	M	D	E	S	L	Ñ	V	B	I	S	C

9. ¿Cuál de los elementos electrónicos puede ser encontrado en un control de accesos?

   a. Detector manual
   b. Escáner de correspondencia
   c. Barrera de infrarrojos
   d. Arco detector de metales
   e. Lector de tarjetas
   f. Detector de explosivos

10. El distintivo que se entregará en el control de accesos a un visitante y que le permitirá desplazarse por el recinto ilimitadamente o por una zona determinada se denomina genéricamente:

    a. Tarjeta de visita
    b. Tarjeta de control
    c. Tarjeta acreditativa
    d. Tarjeta biométrica

Solucionario Capítulo 3

1. Señale si la siguiente afirmación es verdadera o falsa: "Un arma automática es el arma de fuego que se recarga después de cada disparo por el tirador accionando un mecanismo manual".

    ☐ Verdadero
    ☑ **Falso**

2. Según el Reglamento de Armas, las licencias de armas C podrán autorizar un arma de las categorías...

    a. ... 1.ª, 2.ª2 o las armas de guerra a las que se refiere el apartado 3, artículo 6.
    b. ... 2.ª1, 2.ª2 o 3.ª2.
    c. ... I.ª2, 2.ª1 o las armas de guerra a las que se refiere el apartado 3, artículo 6.
    d. ... 1.ª, 2.ª1, 3.ª2 o las amas de guerra a las que se refiere el apartado 3, artículo 6.

3. Relacione los siguientes elementos del revólver con los siguientes mecanismos:

    a. Cilindro
    b. Biela del cilindro
    c. Alza
    d. Disparador

    b. Mecanismo de repetición
    a. Mecanismo de alimentación
    d. Mecanismo de disparo
    c. Mecanismo de puntería

4. Para iniciar la ignición del cartucho, el sistema _____ tiene el fulminante incluido en un reborde hueco del culote de la vaina donde el percutor debe incidir en cualquier parte del reborde del culote.

    a. Lefaucheux
    b. Central
    c. Flobert
    d. Caruso

5. Señale si la siguiente afirmación es verdadera o falsa: "La trayectoria de un proyectil tiene forma de parábola".

    ☑ **Verdadero**
    ☐ Falso

6. El disparo a quemarropa es el realizado a una distancia...

    a. **... menor al alcance de la llama.**
    b. ... superior al alcance de los elementos que integran el tatuaje.
    c. ... donde el arma está en contacto con la piel.
    d. ... superior al alcance de la llama.

7. Explique el movimiento de rotación del proyectil.

El movimiento de rotación es el movimiento del proyectil sobre su eje provocado por las estrías del ánima del cañón.

8. Busque los seis grupos en los que se divide la escopeta 12/70 en la siguiente sopa de letras:

W	T	M	U	T	V	L	E
Z	C	A	R	C	A	S	A
V	E	L	O	U	E	Z	U
L	R	X	B	L	F	A	T
D	R	C	R	A	P	R	C
A	O	I	O	T	C	U	A
J	J	T	C	A	T	T	R
E	O	L	P	D	I	C	F
T	A	O	R	W	V	A	X
D	I	S	P	A	R	O	E
V	X	N	A	M	D	T	P
C	A	Ñ	O	N	A	N	T
S	S	L	I	N	S	O	N
A	T	I	A	E	R	C	A
E	A	N	I	U	G	S	E

9. Clasifique los siguientes tipos de seguro, siendo (1) los seguros del revólver y (2) los seguros de escopeta:

a. Seguro manual   (2)
b. Seguro por interposición de masas   (1)
c. Seguro automático   (2)
d. Seguro de acerrojamiento incompleto   (1)

10. ¿Dónde se aloja la pólvora en el cartucho metálico?

      a. En el culote
      b. En el proyectil
      c. En el pistón
      d. En la vaina

Solucionario Capítulo 4

1. Señale si la siguiente afirmación es verdadera o falsa: "Según el artículo 10 del Reglamento de Explosivos, son materias explosivas las materias sólidas y líquidas que, por una reacción química, puedan emitir gases a temperatura, presión y velocidad tales que puedan originar efectos físicos que afecten a su entorno".

    ☑ **Verdadero**
    ☐ Falso

2. Considerando la velocidad de reacción de un explosivo, concrete a qué definición corresponden los términos detonación, deflagración y combustión:

    a. Reacción química de oxidación que desprende una gran cantidad de energía a una velocidad inferior a 1 m/s, que es visible en forma de llama **(combustión)**.

    b. Reacción química en la que la velocidad del explosivo es menor de 1.500 m/s **(deflagración)**.

    c. Reacción química prácticamente instantánea que da lugar a una combustión supersónica que genera, además, una onda de choque **(detonación)**.

3. ¿Cuáles son características básicas de un explosivo?

    a. **Resistencia al agua**
    b. **Poder rompedor**
    c. Calidad del aire
    d. Reacción química
    e. Sensitividad
    f. **Estabilidad química**
    g. Sensibilidad del encartuchado

4. **Según los criterios considerados en la columna de la izquierda, clasifique los tipos de explosivos mencionados en la columna derecha:**

   a. Según la velocidad de reacción
   b. Según naturaleza química
   c. Según su composición
   d. Según su estado físico

   d. Pulverulentos
   c. Materias explosivas
   a. Propulsores
   b. Organometálicos

5. **El ANFO es...**

   a. ... un tipo de explosivo de alta potencia y baja densidad.
   b. ... un tipo de explosivo que incorpora a su composición una sustancia gelificante.
   c. **... un tipo de explosivo que surgió ante la necesidad de aumentar la seguridad, reduciendo el contenido de nitroglicerina.**
   d. ... un explosivo compuesto básicamente por nitrato amónico o sódico, agua y gasoil.

6. Localice en la sopa de letras los siguientes términos: mecha, pistón, detonador, relé. Encuentre también el término que define su naturaleza: explosivos o accesorios.

E	R	L	E	U	S	M	O	L	P	L	J
L	N	Y	T	W	O	A	I	V	I	H	T
S	I	M	D	A	F	H	O	U	S	A	S
F	N	I	R	O	D	A	N	O	T	E	D
T	R	E	N	D	Y	T	I	V	O	N	J
J	U	A	E	L	E	R	T	A	N	T	R
A	L	A	L	D	O	R	M	L	J	Y	Y
D	N	U	M	S	N	H	U	L	N	A	I
J	R	V	E	F	O	R	I	N	V	S	N
A	O	C	C	A	A	M	I	H	L	S	N
S	C	S	H	L	T	U	T	R	U	P	L
A	Y	M	A	T	S	L	S	M	S	U	S

7. ¿Qué nombre reciben cada uno de los mecanismos de destrucción de explosivos a los que se hace referencia a continuación?

   a. Exige la inmersión del explosivo en agua o en otro líquido adecuado (destrucción por **disolución**).
   b. Es el método más simple, rápido y seguro, y el más aconsejable para la destrucción de explosivos deteriorados (destrucción por **detonación**).
   c. Es conocido también como "quema" o "incineración" (destrucción por **combustión**).

8. **Complete el siguiente texto utilizando, donde proceda, alguno de los siguientes términos: seguridad, salidas, detonante, microrretardo, industriales, nunca, accesorios, coincidir y entradas.**

Los detonadores, relés de **microrretardo,** encendedores de **seguridad** para mechas o iniciadores de explosivos **nunca** podrán transportarse conjuntamente con los explosivos y su transporte se realizará en las mismas condiciones que las de estos últimos. El cordón **detonante** se considerará, a estos efectos, incluido dentro de los explosivos **industriales.** El transporte de los explosivos y sus **accesorios,** dentro de las obras y explotaciones, así como por pozos y galerías, no podrá **coincidir** con las **entradas y salidas** de los relevos principales.

9. **Señale si la siguiente afirmación es verdadera o falsa: "Un vehículo que transporta artificios de pirotecnia destinados a su uso en un espectáculo puede, en determinadas circunstancias, ser considerado un depósito o almacenamiento especial".**

     ☑ **Verdadero**
     ☐ Falso

10. **En el transporte por carretera de explosivos, los lugares de parada se escogerán en áreas que estén, respecto a los núcleos de población, a una distancia mínima de:**

     a. 100 m
     b. 500 m
     c. 250 m
     d. 1.500 m